다음 세대를 생각하는
인문교양 시리즈

아우를 16

세상은 보이지 않는 끈으로 연결되어 있다

환경과 생태를 이해하는 인문학적 상상력

최원형 지음

샘터

티베트 고원의 빙하와 우리의 삶

2015년 10월, 티베트 불교의 정신적 지도자인 달라이 라마가 티베트 고원을 지켜 달라고 전 세계인에게 호소했습니다. 티베트 고원의 빙하가 해마다 엄청난 속도로 녹고 있으니 이를 늦출 방법을 함께 고민하자고 말입니다. 달라이 라마는 왜 전 세계인에게 티베트 고원의 빙하가 녹는 문제를 호소했을까요? 저 멀리 티베트 고원의 빙하가 녹는 것과 우리 삶은 어떤 관계가 있을까요?

조금 더 생각해 보면 티베트 고원의 빙하와 우리 삶은 대단히 가깝게 연결되어 있음을 알 수 있습니다. 생활의 편리를 위해 사용하는 전기에너지를 비롯하여 온갖 풍요로움을 가져다주는 수많은 물질들은 이산화탄소와 메탄 같은 온실가스를 배출합니다. 온실가스는 비단 한 지역의 하늘에만 머물지 않습니다. 내가 어제 자동차를 타고 편히 다니는 동안 배출한 탄소와 멀리 캘리포니아에 사는 친구가 대서양을 건너 스페인으로 가느라 탔던 비행기에서 배출한 탄소는 모두 지구 온도를 높이는 일에 일조합니다. 그렇게 해서 티베트 고원의 빙하는 더욱 빠른 속도로 녹고 있는 것이고요.

오늘날 많은 이들이 바삐 돌아가는 삶 속에서 정신없이 살아가고 있습니다. 내 삶이 나와 함께 살아가는 다른 존재에게 어떤 영향을 끼치는지 살필 겨를도 없이 말입니다.

흐트러진 마음과 온갖 괴로움을 가라앉히고자 명상에 잠기듯이, 일상적인 삶의 습관에도 여유가 필요합니다. 그렇기에 삶에서 끊임없이 발생하는 인과因果를 살피기 위해 잠시 쉼표를 찍고 성찰하는 시간을 갖는 건 의미 있는 일입니다. 미처 깨닫지 못한 사이에 의도치 않게 다른 생명을 해칠 수도, 무수한 생명이 지구에서 사라지는 결과를 초래할 수도, 그리하여 결국 우리 삶마저 파멸로 이끌 수 있기 때문입니다.

오랜만에 친구를 만났습니다. 각자 바쁜 일로 좀처럼 얼굴 볼 기회가 없던 터라 만나자마자 이야기꽃을 피웠지요. 사람들이 북적이는 카페에는 음료를 주문하려는 사람들로 줄이 길었습니다. 줄을 서서 기다리는 동안에도 그간 쌓인 이야기를 나누느라 정신이 없었어요. 주문한 커피가 나왔을 때서야 아차 싶었습니다. 이야기하느라 그만 음료를 머그잔에 담아 달라는 말을 잊은 것입니다.

설거지하는 수고로움을 덜고, 야외활동에 편리하다는 이유로 쓰이기 시작한 종이컵은 자판기가 생기면서 빠른 속도로 소비가 늘었습니다. 뒤이어 테이크아웃 가게들이 종이와 플라스틱으로 만든 일회용 컵을 쓰기 시작했지요. 이제는 어디를 가도 일회용 컵이 쓰이고 있습니다. 카페 안을 둘러보니 대다수가 자리에 앉아서도 일회용 컵으로 음료를 마시고 있었습니다. 저 역시 친구를 만나 수다를 떤 대가로 종이컵 두 개를 남기게 되었네요.

종이컵은 숲에서 나무를 베어 펄프로 만드는 과정에서 수많은 화학약품 처리를 거쳤을 테고, 만들어진 종이는 다시 종이컵 공장에서 비닐코팅 처리를 한 뒤 겉에 글자를 새기는 인쇄를 거쳐 카페에 왔을 것입니다.

나무 한 그루가 종이컵이 되는 과정에서 얼마나 많은 탄소가 배출되었을까요? 우리가 마시고 버린 종이컵이 재생종이나 휴지 등으로 거듭나게 될지, 그냥 쓰레기로 매립되거나 태워 없어질지는 알 수 없습니다. 설령 재활용이 된다 해도 적은 양이긴 하나 또다시 탄소가 배출될 것이며, 쓰레기로 매립되거나 소각된다면 그보다 많은 탄소가 배출될 테고요. 이렇게 배출된 탄소들이 쌓이고 쌓여 티베트 고원의 빙하는 더욱 빠르게 녹아내릴 것입니다.

이 책은 세상 모든 것들이 서로 영향을 주고받는 관계로 이어져 있다는 인문학적 상상력을 바탕으로 환경과 생태 문제에 접근하려 합니다. 우리는 인식하지 못하는 동안에도 끊임없이 원인과 결과로 이어지는 다양한 관계에 놓여 있습니다. 나와 나를 둘러싼 관계에 대한 성찰이 환경과 생태를 이해하는 데 무엇보다 중요하다고 생각합니다. 환경문제를 이성과 논리로만 접근하기보다 나와 내 주변을 살피는 생태 감수성을 기르는 것에서 출발해 보자는 것입니다.

연결된 인과관계를 낱낱이 깨닫게 되면 우리 삶은 좀 더 신중해지고 '다음'을 생각하게 될 것입니다. 잠시 삶의 속도를 늦추고, 주변을 둘러보는 여유를 가져 보는 건 어떨까요? 내가 쓰는 에너지가 티베트 고원의 빙하를 녹이는 일에 일조하는 이치, 별 생각 없이 사용하고 버린 페트병으로 생명의 위협을 받는 바다생물 이야기 등을 통해 환경과 생태 문제를 함께 고민해 봤으면 좋겠습니다. 무엇보다 우리를 포함해 다음 세대가 건강히 숨 쉬고, 마시고, 걸을 수 있는 환경을 만드는 데 이 작은 책이 도움이 되길 바랍니다.

2016년 모든 살아 있는 것들이 행복하길!

최원형

| 차 례 |

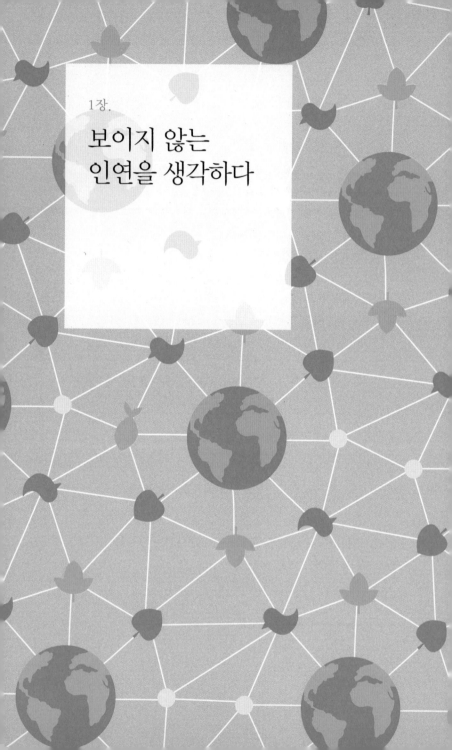

1장

보이지 않는
인연을 생각하다

물건의
인과관계

답답한 도시를 벗어나 어디론가 떠나려는 것은 콘크리트로 만든 빌딩과 아파트에 둘러싸여 하루를 보내는 도시인에겐 간절한 바람입니다. 더구나 희뿌연 하늘이 도시를 덮는 날이 많아질수록 그 답답함은 커지기 마련이지요. 휴일이면 막힐 걸 뻔히 알면서도 꾸역꾸역 길을 나서는 사람들이 이해되고도 남습니다. 자연을 이리저리 도려내고 파헤치며 들어선 도시에 살고 있지만, 우리 안에 내재된 유전자에 자연에 대한 그리움이 여전한 까닭도 한몫할 것입니다. 자연을 만나는 일은 어쩌면 고향을 찾는 일과 같다고 볼 수도 있습니다. 다만 쓰레기란 발자국을 남기지 않고 다녀온다면 얼마나 좋을까요.

사람의 발길이 닿는 곳이면 어김없이 쓰레기가 있습니다. 오직 사람만이 쓰레기를 남기니 쓰레기를 문명의 발자국이라 표현해야 할까요? 많은 사람들이 오가는 고속도로 휴게소, 그곳에 놓인 쓰레기통과 화장실을 들여다보면 우리가 이룩한 문명을 결코 수준 높다고 할 수 없을 것입니다. 분리수거하도록 구분된 쓰레기통에는 온갖 쓰레기가 뒤섞인 채 통 바깥까지 넘쳐 납니다. 분리하여 버리라고 통마다 이름까지 붙여 놓아도 아무렇게나 버리는 사람들은 정말 글을 모르는 걸까요? 아마도 구분해서 버려야 한다는 생각 자체를 못하는 게 아닐까 싶습니다. 그저 쓰레기일 뿐, 이것이 각자 재활용되어서 무언가로 새롭게 태어날 거라는 데까지 생각이 미치지 못했을 것입니다.

세상에 처음부터 쓰레기인 것은 없습니다. 캔은 그 이전에 알루미늄이란 자원이었고, 석유에서 뽑아 만든 플라스틱은 오래전 지구에 살던 나무 등 다양한 유기체였으며, 나무젓가락은 적어도 20년을 살던 나무였습니다. 화장실 풍경은 또 어떤가요? 수도꼭지를 세게 틀어 놓은 채 거울을 쳐다보며 머리를 매만지는 사람이 있는가 하면, 휴지를 엄청나게 뽑아 손을 닦기도 합니다. 무턱대고 당겨서 바닥까지 닿아 있는 휴지도 자주 보게 됩니다. 그 휴지들도 과거 언젠가는 울창한 숲의 한 구성원이었을 나무였습니다. 이러한 자원과 에너지를 순식간에 쓸모없는 것으로 만들어 버리는 비효율적인 문명을 어떻게 수준 높다고 할 수 있을까요?

만약 어떤 물건의 인과를 알아차린다면 불필요하게 발생하는 쓰레기를 줄일 수 있지 않을까 생각합니다. 나무젓가락의 일생을 한 번 상상해 볼까요? 이 나무젓가락은 이전에 중국의 어느 숲에서 자라던 나무였습니다. 나무는 그곳에서 다른 나무들과 어울려 20년을 자랐고, 어느 날 잘려 젓가락공장으로 실려 갔습니다. 그곳에서 젓가락 모양으로 재단이 된 다음, 과산화수소, 표백제, 곰팡이제거제 등의 약품에 담겨 끓이는 과정을 거쳐 마침내 일회용 젓가락으로 변신했습니다.

제조과정에 쓰이는 이 약품들은 나무젓가락을 통해 우리 몸으로 들어가 피부병, 현기증, 멀미 등 수십 가지에 이르는 질병을 유발할 수 있습니다. 현재 우리나라에서 사용되는 나무젓가락은 대부분 중국에서 수입합니다. 2009년에 중국에서 발표한 자료에 따르면, 한 해 중국에서 소비하는 나무젓가락이 800억 개에 이른다고 합니다. 이만큼의 나무젓가락을 만드느라 잘려 나간 나무만 대략 2천만 그루가 넘고, 이 때문에 중국의 사막화는 더욱 빠르게 진행되고 있습니다.

그렇다면 이렇게 만들어진 나무젓가락은 얼마나 오래 사용될까요? 주로 라면이나 김밥처럼 집 밖에서 간편한 음식을 먹을 때 쓰이는데, 나무가 자란 시간과 만들어지는 과정에 견주어 보면 찰나 같은 시간만 사용하고 버려집니다. 평균 10분이 채 넘을까요? 그토록 짧게 사용하고 버려진 나무젓가락은 땅속에서 썩는 데 대략 20년이라는 시간이 걸립니다. 썩는 동안 나무젓가락에 들어 있던 각종 약품들은 토양을 오염시킬 것입니다. 그리고 그 오염은 결국 우리에게 되돌아옵니다.

맥주 캔 여섯 개를 하나로 묶는 데 쓰는 플라스틱 '식스 팩 링'은 해양생물에게 치명적인 악영향을 미칩니다. 어린 거북이가 식스 팩 링에 끼여 링에 낀 부분만 잘록하게 자란 사진은 보기에도 끔찍했습니다. 최근 미국의 한 수제맥주회사에서 먹을 수 있는 식스 팩 링 edible six pack rings을 개발했다고 합니다. 바다를 사랑하는 낚시꾼이나 어부를 주소비자로 생각하고 개발했는데, 플라스틱이 아닌 맥주를 만들면서 나오는 보리나 밀 등의 곡물 찌꺼기로 만들었다고 하네요. 그러니 설령 이게 바다로 떠내려간다 해도 쓰레기가 되기는커녕 오히려 해양생물의 먹이가 된다고 합니다. 쓰레기에 대한 성찰이 이런 발명품을 낳았을 거라고 생각합니다. 물건을 소비하는 이라면 적어도 쓰고 난 '다음'을 생각할 수 있어야 하지 않을까요? 세상은 모두가 연결되어 있으니까요.

장미와 커피에
담긴 눈물

어릴 적 어느 날, 우리 집에 문짝과 네 다리가 달린 큼지막한 텔레비전이 한 대 생겼습니다. 세상에서 제일 부자가 된 기분은 말할 것도 없었지만, 텔레비전이 생기면서 새로운 세상을 알게 되었지요. 그건 바로 〈동물의 왕국〉이라는 동물 다큐멘터리 방송 덕분이었습니다. 지방의 중소도시에 살면서 동물원은 근처에도 가본 적 없는 제게, 흑백 화면이기는 했지만 그 감동은 대단했습니다. 갈기가 무성한 수사자나 마치 붓으로 그린 듯 줄무늬가 온몸 가득한 얼룩말, 목이 긴 기린 등 도감에서 정지된 모습으로만 보던 동물들이 살아 움직이는 모습을 본다는 것은 엄청난 경험이었어요.

그러다 처음으로 동물원에 가게 되었지요. 초원의 스프린터라 불리는 치타는 좁은 우리 안에 나른하게 누워 있었고, 지상에서 가장 큰 새인 타조는 군데군데 깃털이 숭숭 빠진 채 병든 모습으로 불안하게 우리 안을 왔다 갔다 하고 있었습니다. 얼마나 실망이 컸던지 차라리 안 볼 걸 그랬다는 후회마저 든 기억이 납니다. 나중에야 〈동물의 왕국〉의 무대가 된 '세렝게티'라는 구체적인 장소를 알게 되면서, 어린 날 텔레비전을 통해서 봤던 야성 가득한 동물들을 생생하게 만날 날이 올지도 모르겠다는 꿈을 꾸기 시작했습니다. 느닷없이 쏟아지는 스콜(열대 지방에서 나타나는 세찬 소나기)을 맞고 싶다는 낭만도 그런 꿈에서 시작되었는지 모릅니다. 그러나 유럽의 식민지였던 아프리카 대륙에 자로 그은 듯 반듯한 국경이 생긴 역사 배경을 알게 되면서, 국제구호단체들의 홍보물에 단골로 등장하는 갈비뼈가 앙상한 채 늘어진 아이들 사진을 보면서 더 이상 아프리카는 낭만의 땅이 아니었습니다. 이제 아프리카 하면 항아리를 머리에 이고 줄지어 걸어가는 아이와 여성 들이 먼저 떠오릅니다. 누런 흙탕물조차 만날 수 없어 먼 길을 마다 않고 몇 시간을 걸어가 물 긷는 일을 날마다 되풀이하는 아프리카 니제르 아이들의 심정을 과연 우리가 이해할 수 있을까요?

매년 3월 22일은 '세계 물의 날'입니다. 그날 한 국제구호단체가

세상은 보이지 않는 끈으로 연결되어 있다

물 부족에 시달리는 나라의 실태를 알리려고 만든 영상을 보았습니다. 언뜻 봐도 전혀 마실 수 없을 만큼 탁한 물을 어린아이가 양손으로 떠 마시더군요. 물을 구하느라 오랜 시간을 땡볕 아래에서 걸었으니 그 물이 얼마나 달까 싶기도 했어요. 하지만 깨끗하지 않은 물을 마셨으니 설사나 피부병 같은 질병이 그들을 곧 위협할 것입니다. 이런 물 부족 현상이 비단 아프리카만의 문제는 아닙니다. 유엔환경계획UNEP은 전 세계 인구의 아홉 명 중 한 명이 깨끗한 물 없이 살아가고 있고, 수인성 질병으로 20초당 한 명의 어린이가 숨지고 있다고 보고했습니다. 개발도상국에서 발생하는 질병의 80퍼센트가 바로 정수되지 않은 물 때문이기도 합니다.

도시화와 산업화가 진행될수록 물 소비가 증가하고 지하수는 점점 고갈되어 갑니다. 유럽에서 팔리는 장미의 70퍼센트가 아프리카 케냐에서 생산된다는 사실을 알고 있나요? 케냐에는 국제적으로 보호를 받는 람사르 습지가 있습니다. 바로 나이바샤 호수입니다. 언젠가부터 이 호수 주변에 무분별하게 장미농장이 들어서기 시작했답니다. 나이바샤 호수의 물로 장미를 키우려고 말이지요. 장미 한 송이를 키우는 데는 대략 10리터의 물이 필요하다고 해요. 유럽에서 소비되는 장미의 70퍼센트를 생산하기 위해 호수에서 물을 끌어다 쓰니 그 지역이 물 부족에 시달릴 수밖에요. 또한 장미농장이 생기면서 주변 인구가 늘기 시작했습니다. 농장에서 일하려고 몰려든 이들로 인구가 늘어나니 물 소비량도 당연히 늘었겠지요. 문제는 여기에 그치지 않았어요. 장미를 키우며 사용한 농약 등의 화학물질 때문에 호수 인근의 생태계가 파괴되었거든요. 당연히 호수에서 어업으로 생계를 잇던 주민들의 삶까지 어려워졌지요. 가장 로맨틱한 선물이라 여겨지는 아름다운 장미 꽃다발에 케냐의 아픔이 숨어 있다고는 상상하기 힘듭니다.

요즘 거리에 나서면 한 집 건너마다 커피집이 있다 해도 과언이 아닐 만큼 커피가 흔한 세상이 되었습니다. 커피 메뉴에서 만날 수 있는 나라는 언뜻 떠올려도 꽤 됩니다. 특히 케냐, 에티오피아, 탄자니아에서 온 커피들이 많지요. 아프리카 나라의 이름이 들어간 커피에서 물을 긷느라 고단한 아이들의 모습이 겹칩니다.

커피가 내 앞에 오기까지 들어간 물의 양이 상상을 초월한다는 사실을 알고 있나요? 고작해야 커피 한 잔을 만드는 데 필요한 물이라면 200~300밀리리터가 전부일 거라 생각할 수 있지만, 사실은 그렇지가 않거든요. 커피나무를 재배하고, 커피콩을 따서 말리고 볶는 가공을 거쳐 포장, 운송, 소비의 전 과정에 필요한 물은 대략 140리터입니다. 140리터가 언뜻 가늠이 되지 않는다면 2리터 페트병이 70개라는 걸 떠올려 보세요. 커피 한 잔에 그만큼의 물이 필요하다

세상은 보이지 않는 끈으로 연결되어 있다

니요. 더구나 이렇게 쓰이는 물의 대부분은 커피를 소비하는 나라이 기보다는 커피를 생산하는 나라의 물입니다. 커피를 수입하는 것은 단순히 커피콩을 수입한다는 것만을 의미하지 않습니다. 커피가 재배되는 나라의 물도 함께 소비한다는 것을 생각해야 합니다. 한국인이 쌀밥과 김치보다 커피를 더 많이 마신다는 통계가 있더군요. 연간 커피 소비량이 아메리카노를 기준으로 일인당 338잔에 달한다고 하네요. 한 해에 11개월은 전 국민이 날마다 하루에 한 잔씩 커피를 마신다는 얘기지요. 말하자면 아프리카 대륙에서 멀리 떨어진 대한민국의 어느 카페에 앉아 날마다 아프리카 물을 2리터 페트병으로 70병을 홀짝이는 셈입니다.

기후변화로 인해 물은 갈수록 더욱 부족할 거라고 전망합니다. 그런데 아무리 이런 말들이 무성해도 물 절약을 실천하지 않으면 공염불일 뿐입니다. 커피를 좋아하지 않지만 장미향이 싱그러워 꽃을 즐겨 사는 이들도 있겠지요. 혹은 장미보다 커피를 선호하는 이들도 있겠고요. 내 취향조차 간섭받고 싶지 않다며 물 부족 국가에 사는 이들의 고통에 귀를 닫아 버릴 수도 있습니다. 내 삶이 바뀌지 않는 한, 결국은 우리가 우려하던 물 부족의 재앙과 맞닥뜨리게 될 것입니다. 그때 가서 누구를 원망할까요? 우리가 마신 커피와 우리가 사랑했던 장미꽃, 그것들에게 화살을 날릴까요?

아프리카의 광활한 자연과 그곳에서 살아가는 생명들이 오래도록 그곳에서 그대로의 모습으로 있길 원한다면, 아프리카 사람들보다 훨씬 많은 것을 누리고 사는 우리들이 지구를 오래도록 사용하는 방법부터 몸에 익혀야겠습니다. 너무 늦은 뒤에는 그 무엇도 소용없는 일이니까요.

인간의 이기심과
동물학대

2010년에 한국에서 발생한 구제역 사태를 기억하나요? 제 기억에
는 어마어마하게 큰 구덩이에다가 트럭에 실려 온 돼지를 쏟아붓던
장면이 떠오릅니다. 다시는 떠올리고 싶지 않은 기억이에요. 살려고
구덩이 안에서 기어 나오려는 돼지들 위로 쏟아지던 흙, 그리고 그
흙에 떠밀려 살아 있는 돼지들이 다시 구덩이로 떨어지던 장면은 분
명한 '학살'이었습니다.

영국의 수의학 연구자인 아비가일 우즈가 쓴《인간이 만든 질병
구제역》이라는 책 이름처럼 구제역은 인간이 만든 질병입니다. 다른

무엇보다 많은 가축이 한 공간에서 지내고, 빠른 시간에 많은 고기를 생산할 수 있도록 육종을 단일화하여 종 다양성을 상실한 가축들이 전염병에 약해지는 건 너무나 당연한 이치니까요. 2010년 11월에 발생해서 2011년 4월에 일단락될 때까지 126일 동안 살처분 등으로 죽은 가축 수는 347만 마리였습니다. 그 가운데 돼지는 국내 사육의 34퍼센트가 사라졌고, 구제역의 피해액만 3조 원이 넘었지요. 세계동물보건기구OIE가 2010년 겨울에 발생한 한국의 구제역을 지난 50년 이래 최악의 구제역으로 거론했을 정도입니다.

왜 이토록 많은 가축을 죽여야만 했을까요? 이는 전염병이 퍼지지 않도록 구제역이 발생한 지역을 중심으로 반경 3킬로미터 이내의 모든 가축을 죽이는 방법 때문이었습니다. 병이 옮지 않은 멀쩡한 가축이지만 혹시나 하는 마음에 모두 다 죽이는 살처분 방식으로 전염병을 차단한다는 것이 정부의 방침이었거든요.

생명을 가진 모든 존재는 죽음을 두려워합니다. 구제역이 발생한 지역의 축사에서 트럭에 실려 매립지로 가는 가축들은 울부짖었다고 해요. 동물들의 존엄성은 지켜지지 않았고, 이 모든 것의 중심에 있는 인간의 육식과 경제 논리만 중요했습니다.

닭은 A4용지만 한 좁은 닭장에서 알만 낳다 죽고, 암퇘지는 길이 2미터에 폭 60센티미터의 공간에서 새끼만 낳다가 죽습니다. 처음

바깥 구경을 하는 날이 도축장으로 가는 마지막 날이라는 한우들은
또 어떨까요? 이 가축들은 죽으러 가기 전까지는 단 한 번도 태어난
곳을 벗어나거나 바깥 구경을 할 수 없습니다. 바닥에는 켜켜이 쌓
인 분뇨와 거기에서 자라 가축의 피를 빠는 파리들이 그득한 환경,
이런 곳에서 전염병이 얼마나 쉽게 퍼질지는 짐작이 가고도 남습니
다. 인간이 고기를 포기하거나 줄이지 않는 한 공장식 가축 환경이
나아질 거라는 기대는 참으로 요원한 일입니다.

　혹시 '드레이즈 테스트Draize test'라는 동물실험을 들어 보았나
요? 눈에 이물질이 들어가면 눈물이 그것을 밀어내는데, 그게 눈물
의 역할입니다. 그런데 눈물이 분비되지 않는 동물이 있답니다. 바
로 토끼입니다. 화장품 회사에서는 샴푸나 화장품이 눈의 점막을 자
극하는 정도를 알아보려고 토끼 눈을 화학물질 테스트용으로 쓰고
있는데, 실험 과정이 대단히 끔찍합니다. 우선 토끼의 목을 고정시
켜 놓고, 토끼 눈에 간격을 두고 화학물질을 떨어뜨립니다. 눈물을
흘리지 않으니 토끼는 눈이 타들어 가는 고통에 몸부림치다가 목뼈
가 부러져 죽기도 하고, 살아남았다고 해도 실험이 끝나면 안락사를
당합니다. 마치 물건처럼 폐기되는 거지요. 우리는 날마다 토끼의
목숨과 맞바꾼 대가를 향기로움과 탱탱한 피부를 위해 덧칠하는 셈
입니다.

임상실험에 앞서 반드시 거치는 동물실험, 그 이면에는 인간에 의해 잔인하게 희생되는 동물이 있습니다. '침팬지의 어머니'라 불리는 제인 구달이 미국의 한 대학연구소에서 동물실험용 침팬지를 만났다고 합니다. 연구소 측은 비닐장갑을 끼고 침팬지를 만나라고 했다지요. 처음에는 멀뚱멀뚱 허공만 응시하던 침팬지가 제인이 비닐장갑을 벗고 철창살 안으로 손을 넣어 침팬지를 어루만지며 눈물 흘리자 가만히 다가와서는 제인의 눈물을 닦아 주었다고 해요.

연구소의 어두컴컴한 지하에 있는 침팬지는 어떤 경로로 그곳에 오게 되었을까요? 무리와 함께 지내는 어린 침팬지 한 마리를 잡기 위해서는 가족 모두를 잡아야 합니다. 그러고는 어린 침팬지 하나만 남겨 두고 나머지 침팬지 가족을 모두 사살합니다. 그것을 지켜봐야 했던 어린 침팬지의 심정은 어땠을까요?

동물도 인간과 마찬가지로 고통을 느끼고 아파할 줄 압니다. 단순히 인간의 이익이나 목적을 위한 수단으로 동물을 잔인하게 대하는 것에 대해 한 번쯤은 생각해 봐야 하지 않을까요? 동물보호운동가들은 동물실험이 동물들에게 육체적, 정신적 고통을 안겨 준다는 점에서 대단히 비윤리적이라고 주장합니다. 이들의 주장에 따르면 화장품, 세척제, 식품첨가제 등의 공산품을 생산하는 과정에서 거의 습관적으로 동물실험이 행해진다고 해요. 상업적 목적으로 벌어지

세상은 보이지 않는 끈으로 연결되어 있다

는 동물실험이 전체 동물실험에서 3분의 2를 차지한다는 통계가 그들의 주장을 뒷받침합니다. 화장품이 만들어지기까지 이런 잔인함이 숨어 있는 줄 알고 있었나요?

국내 동물보호단체인 '카라KARA'에서는 해마다 동물실험을 하지 않는 화장품회사 리스트를 공개합니다. 동물실험을 반대하는 국제단체인 '크루얼티 프리 인터내셔널CFI'의 니콜라스 팔머 박사에 따르면, 동물실험을 통해 얻은 결과는 사람과의 일치율이 20~40퍼센트에 그친다며, 대체실험에서는 오히려 90퍼센트 이상의 효과를 얻는다고 합니다. 동물과 인간이 공유하는 질병이 1퍼센트에 불과하므로 동물실험은 단지 인간이 안심하려고 자행하는 관행일 뿐이라는 거지요.

매년 전 세계에서 동물실험에 사용된 뒤 죽어 가는 동물의 수는 얼마나 될까요? 미국은 해마다 7억 마리 이상의 동물을 희생시키고 있다고 합니다. 일본은 1천2백만 마리, 프랑스는 360만 마리를 동물실험에 사용합니다. 농림축산검역본부의 조사에 따르면, 우리나라에서는 2011년 한 해 동안 166만 마리가 동물실험에 사용되었다고 합니다. 각 연구소에서 죽은 동물을 위해 위령제를 지낸다고는 하지만 죽은 뒤에 그런 의식이 무슨 의미가 있을까요?

겨울 한철을 나기 위해서는 따뜻한 파카가 필수입니다. 파카가 따뜻한 건 속을 채운 충전재 덕분이지요. 요즘엔 솜보다 거위털이나 오리털이 충전재로 많이 쓰이고 있습니다. 겉으로 보이는 디자인만 봐서는 거위와 오리에게서 털을 얻는 과정을 알 수 없지요.

어릴 적에 할머니 댁에서 닭 잡는 모습을 본 적이 있어요. 목을 비틀어 죽인 뒤 끓는 물에 닭을 넣었다 건져서는 닭털을 홀홀 뽑는 광경을 목격한 뒤로는 어린 마음에 닭고기를 먹지 않게 되었답니다. 파카의 충전재를 얻기 위해 오리나 거위도 털을 뽑습니다. 다만 닭털을 뽑는 것과 다른 것은 산 채로 뽑는다는 거지요. 내 머리카락을 누군가 쥐어뜯는다고 생각하면 아마도 비슷한 느낌이 아닐까 싶어요. 오리털이나 거위털 채취는 오리나 거위가 생후 10주가 됐을 때부터 시작되어 6주 간격으로 일생 동안 5~15회 정도 털을 뽑는다고 해요. 털 뽑는 장면을 취재한 방송을 봤는데, 거위와 오리들의 비명소리가 끔찍했어요. 털을 뽑다 보면 살점이 같이 뜯겨 나가기도 합니다. 그러면 그걸 대충 꿰매서 또다시 깃털이 돋으면 같은 방식으로 털을 뽑습니다. 이로 인한 스트레스 때문에 많은 거위와 오리가 죽는다고 합니다. 토끼털도 같은 방법으로 뽑는다고 하고, 너구리는 산 채로 가죽을 벗긴다고 합니다. 차라리 죽이면 고통이 한 번으로 끝날 텐데 왜 사람들은 산 채로 털을 뽑고 가죽을 벗기는 걸까요? 그건 편리와 경제성 때문입니다. 너구리는 죽은 뒤에는 가죽이 경직되어 벗기기가 어렵고 털의 윤기가 사라져 상품성이 떨어진다

세상은 보이지 않는 끈으로 연결되어 있다

고 하거든요. 오리나 거위도 산 채로 여러 번 털을 뽑는 것이 죽여서 한 번 뽑는 것보다 훨씬 경제적일 테고요. 경제성과 생산성이 중시되는 인간사회 시스템에서 동물이 고통을 느낀다는 사실은 애당초 계산에 포함될 수가 없습니다. 동물도 고통을 느낀다는 건 언제쯤에나 고려의 대상이 될까요?

인류는 아주 오래전부터 동물의 털가죽을 이용해 왔습니다. 과거에는 털가죽 소비가 고기를 취하고 남은 것으로 옷을 지어 입는 '생존을 위한' 소비였다면, 오늘날은 '과도하고 불필요한' 소비라 할 수 있습니다. 육식의 폐해에 대해 알고 나면 채식으로 발걸음을 옮기게 되듯, 이제는 옷도 비건패션으로 옮겨가야 하지 않을까 싶습니다. 그렇다고 채식주의자가 되라는 얘기로 읽히지는 않았으면 좋겠습니다. '무슨 무슨 주의'라는 것은 너무 한쪽으로 치우친 생각이라 우려스러우니까요. 채식만을 고집하면서 때로 선택의 여지없이 육식을 거부하는 극단도 피했으면 좋겠고, 그저 지글거리는 고기가 먹고 싶어 습관적으로 먹는 육식에 대해 다시 한 번쯤 생각해 보자는 것입니다. 모피 옷도 이런 맥락에서 이해해 보면 어떨까요? 우리의 선택이 비좁고 더러운 철창에 갇혀 비루한 생을 살다 잔인하게 죽는 동물 한 마리를 구할 수 있다면 의미 있는 일 아닐까요?

씨앗 한 알이
다시 씨앗이 되는 인연

겨우내 집 안에서 뒹굴뒹굴하다가 모처럼 산에 올랐습니다. 오랜만의 산행이다 보니 숨이 턱에 닿아 헉헉댈 때마다 허연 입김이 뿜어져 나옵니다. 체력이 달린다는 신호를 숨길 재간이 없는 모양입니다. 산에 오른다고는 하지만 실은 둘레길을 걷는 정도인데도 말이지요. 잠시 걸음을 멈추고 호흡을 고르느라 깊숙이 마신 공기가 참 달았습니다. 얼마 만에 맛보는 상쾌함인지 모르겠습니다. 내 몸으로 들어온 공기가 몸 구석구석을 찾아다니며 신선함을 전합니다. 정신까지 번쩍 뜨이게 해주니, 둘레길 산책만으로도 자연이 인간에게 베푸는 선물에 감사함을 느끼게 되네요.

세상은 보이지 않는 끈으로 연결되어 있다

호흡이 편안해지자 둘레길 주변으로 눈길이 갑니다. 누렇게 바싹 마른 풀들이 보이네요. 지난여름, 화려했을 꽃도 씨앗도 이미 간데없이 씨앗을 담고 있던 흔적만 마른 꽃대 끝에 달려 있습니다. 이 흔적을 들여다보고 있자니 얼마나 우아한 꽃이 그 위에 피었을지 궁금합니다. 그 옆으로 구불구불 리드미컬하게 말라 버린 잎들이 눈에 들어옵니다. 마르면서 생긴 모양새일 텐데 어찌 저리도 예쁜 곡선을 만들었을까요. 그 모양이 예뻐서 차마 잎을 떨구지 못하는 건 아닐까 하는 생각마저 듭니다. 펑펑 쏟아지던 눈도 견디고, 휘몰아치는 바람에도 바스라지지 않고 저런 모습을 지키고 있다고 생각하니 대견하다는 생각까지 들었습니다. 호로록 날아오르며 떨어뜨렸을 깃털 하나가 용케도 나뭇가지에 걸려 있네요. 선처럼 가는 나뭇가지에 저렇게 걸려 있을 확률이 얼마나 될까요? 그저 기막힌 우연이 만든 작품일 거라 생각하니 숲 속 풍경이 신기할 뿐입니다. 우연일지 필연일지 알 수는 없지만 말이지요.

숨은그림찾기 하듯 눈길은 자꾸 숲 사이사이로 번져 갑니다. 바람에 날리던 씨앗이 잠시 쉬어 가는 나뭇가지가 눈에 들어옵니다. 한 폭의 정물화 같은 풍경 속에 지난 시간의 이야기가 잔뜩 숨어 있을 것만 같습니다. 무더운 여름날, 활짝 핀 꽃에 벌과 나비 들이 들렀다 가고 나면, 이윽고 꽃 진 자리에는 씨앗이 맺혔을 것입니다. 선선한 가을날, 단단히 여문 씨앗들이 온전히 새로운 생명으로 뿌리 내릴 곳을 찾아 여기저기 흩어졌겠지요. 그 가운데 하나가 저렇듯 나뭇가지 위에서 잠시 쉬고 있을 거라고 상상해 봅니다. 저 씨앗과 한곳에 있다 흩어졌을 다른 씨앗들의 운명은 어떤 겨울을 맞이하고 있을까요? 몇몇은 낙엽 틈바구니를 비집고 들어가 겨울을 지내며 큰 나무로 자랄 꿈을 꾸고 있을 수도, 또 몇몇은 계곡 물을 따라 흘러 강을 지나 바다에 다다랐을 수도 있겠네요. 씨앗 한 알에서 시작된 상상이 숲을 넘어 바다에까지 가 닿고 있습니다. 파도에 몸을 맡긴 채 둥둥 떠다니다 인연의 끈이 닿은 어딘가에서 뿌리를 내렸을지도 모를 일입니다.

씨앗 한 알이 만날 수 있는 인연을 상상해 봅니다. 숲 바닥으로 툭 떨어진 씨앗은 흙과 만납니다. 바람을 만나 땅을 구르다 바닥에 나 있는 틈으로 들어간 씨앗은 마침 숲길을 걷던 어떤 이의 신발 덕분에 적당히 흙 속에 묻힐 수 있었습니다. 며칠 뒤 봄비가 내리자 흙은 물을 잔뜩 머금고, 그 흙 속에 있던 씨앗은 물에 불으며 싹이 틀 때를 준비합니다. 씨앗은 뿌리를 내리고 싹을 틔웁니다. 겨우 뿌리를 내리고 싹이 트는 데까지, 씨앗 한 알이 만난 인연은 대체 몇이던가요? 떡잎을 펼치고 나온 본잎은 하늘에서 쏟아지는 무수한 햇빛을 만납니다. 햇빛과 뭇 생명들이 뿜어내는 이산화탄소, 그리고 뿌리에서 빨아들인 물의 인연으로 양분을 만들며 무럭무럭 자랍니다.

세상은 보이지 않는 끈으로 연결되어 있다

가지를 하나둘씩 뻗으며 키를 훌쩍 키웁니다. 연한 잎사귀가 나오는 어느 봄날엔가는 꼬물거리는 애벌레에게 잎사귀를 마구 갉아 먹힙니다. 봄이 지나고 무더운 여름 한낮에 드디어 꽃을 피웁니다. 벌과 나비 들이 꽃에게 다녀간 얼마 뒤 나무는 빨간 열매를 맺습니다. 내리쬐는 햇빛을 받으며 달콤하게 익어 갑니다. 이맘때 즈음해서 열매는 새에게 먹히며 인연을 맺습니다. 이제 끝일까요? 그럴 리가요. 열매를 먹은 새의 배설물로 온전하게 나온 씨앗은 어느 날 숲 바닥으로 톡 떨어집니다.

아주 간단하게 한 방향으로만 따져 봐도 씨앗이 다시 씨앗으로 오기까지의 인연은 무궁무진합니다. 단지 씨앗 한 알이 맺은 인연인데도 말이지요. 그런데 이 씨앗 한 알에서 자란 나무의 인연은 얼마나 될까요? 그렇다고 나무만으로 끝날까요? 나무를 찾은 동물과 사람만 따져 봐도 그 인연의 범위는 부챗살처럼 퍼져 나갈 것입니다. 그렇게 씨앗 한 알에서 시작된 인연은 자연의 수많은 생명과 너무도 가까운 인연의 그물 속에 함께하고 있다는 것을 알 수 있습니다.

둘레길 산행을 마치고 내려오다 숲 바닥에서 산누에나방 고치 하나를 주웠습니다. 그런데 한쪽에 구멍이 뻥 뚫린 고치였습니다. 누군가의 먹이가 된 건지 아니면 고치 속 번데기가 나방으로 우화를 한 건지 궁금했습니다. 집에 가져와 조심스레 안을 잘라 봤더니 파먹힌 흔적이 역력한 번데기 조각이 들어 있었습니다. 번데기가 나방으로 변태하는 데 성공했다면 번데기의 흔적은 없어야겠지요. 그러니 고치 속에서 꾸었을 나방의 꿈은 좌절되어 버린 것입니다. 고치를 파먹은 누군가를 원망해야 할까요? 만약 고치를 파먹은 게 새라면 어떨까요? 그 새는 고치와 열매를 먹고 힘차게 날아올라 어딘가로 날아갔을 테지요. 그러고는 저 먼 곳에서 또 다른 씨앗을 퍼뜨렸을 것입니다. 씨앗에게는 더할 나위 없이 고마운 인연일 것입니다.

고치의 운명에 인간이 억지로 끼어든 상상도 해봅니다. 고치를 보호하려고 고치를 먹이로 삼는 새를 모두 없앤다면 어떨까요? 새들은 사라지고 고치는 무사히 나방이 될 것입니다. 알을 낳고 알에서 나온 애벌레는 나뭇잎을 아삭아삭 먹어치울 테지요. 적당히 애벌레를 잡아먹으며 개체수를 조절해 주던 새가 사라졌으니 애벌레 세상이 되겠네요. 나무가 온전히 살아남을 수 있을까요? 결국 숲에는 무수히 많은 고치로 가득할 것입니다. 하지만 나무가 사라진 숲에서 고치를 뚫고 나온 나방은 어디에 알을 낳을 것이며, 그 알에서 나온 애벌레는 무엇을 먹고 살 수 있을까요?

어쩌면 우리는 고치 하나만을 지키려고 다른 인연을 생각지 않는 실수를 범하고 있는지도 모릅니다. 수많은 인연이 모여 살아간다

세상은 보이지 않는 끈으로 연결되어 있다

는 사실을 잊은 채 나 하나만을 지키려 했는지 모릅니다. 나 하나만을 지키려는 탐욕은 결국 나와 주변의 모든 인연을 망친다는 사실을 모른 채 말이지요. 탐욕은 또 다른 탐욕을 낳을 뿐입니다. 무지한 채로 살 것인가, 아니면 나와 연결된 인연과 함께 어우러져 살 것인가를 선택하는 것은 오직 자신에게 달려 있습니다. 네가 존재함으로 내가 존재하고 네가 존재하지 않으면 나 또한 존재할 수 없다는 이치를 알아차린다면 어떤 선택을 하며 살아가야 할지 조금 더 분명해지지 않을까 하는 생각이 듭니다.

나뭇가지 끝에 쉼표처럼 매달린 씨앗 한 알에서 인연을 읽습니다. 뜨거운 여름에 꽃으로 핀 인연은 가을을 건너며 마르고 사라져 갔습니다. 모처럼 겨울 끝자락 산행에서 만난 인연의 일부를 마음에 담아 봅니다.

설악산에서 만난
산양 이야기

뭉클한 감동은 없어도 생명의 근원을 알아 가도록 일깨워 주는 책을 만나면 마치 스승을 만난 듯 반갑습니다. 최근에 읽은 책 가운데도 그런 책이 몇 권 있었는데, 그중 하나가《숲은 연어를 키우고 연어는 숲을 만든다》입니다. 캐나다에 있는 밴쿠버 섬의 뱀필드 숲에 대한 이야기입니다. 뱀필드 숲은 온대우림으로 천 년 이상 사는 나무들로 꽉 찬, 세계에서 가장 크고 오래된 원시림입니다. 이렇게 오래 사는 나무들은 생명이 다한 후에도 고사목 상태로 다시 수백 년을 제자리에 서서 보냅니다. 그러다 어느 날 숲 바닥에 쓰러져 죽어 가는 고사목은 곰팡이나 곤충들의 먹이와 은신처가 됩니다. 나무는 살아 있는

세상은 보이지 않는 끈으로 연결되어 있다

동안에도, 죽은 후에도 끊임없이 생명들과 교류하고 소통합니다.

특히 인상적이었던 것은 연어와 숲의 관계를 설명하는 부분이었습니다. 한창 연어가 강을 거슬러 상류로 올라올 때에 맞춰 뱀필드 인근에는 연어를 먹기 위해 곰이 몰려든다고 합니다. 곰이 먹고 남긴 연어는 갈매기나 독수리의 먹이가 되기도 하고 썩은 뒤에는 토양으로 환원됩니다. 결국 연어는 숲을 살찌우는 양분이 됩니다. 이 과정에서 곰은 물속의 연어를 숲 속으로 운반하는 매우 중요한 역할을 맡게 됩니다. 그러니 숲을 지속가능하게 하는 데 곰도 연어도 모두 돕고 있는 셈입니다. 책을 읽으며 연어와 곰과 나무와 이끼와 하늘을 나는 새까지 모든 생명들이 숲과 긴밀히 연결되어 있다는 것을 온몸으로 느꼈습니다. 이 땅의 숲도 뱀필드 숲에 사는 생물들과 종류만 다를 뿐 같은 이치로 유지되고 있을 것입니다. 수많은 생물들이 곧 숲이라 할 수 있습니다.

흙 한번 밟지 않아도 살아가는 데 별 불편함을 느끼지 못하는 도시인에게 "숲이 당신에게 어떤 의미가 있나요?"라는 질문을 던지면 많은 이들이 당혹스러워합니다. 질문이 막연하기도 하지만, 평소에 숲과 자신의 삶을 연결 지어 생각해 본 경험이 거의 없기 때문일 것입니다. 숲은 고사하고 나무 한 그루조차 별 생각 없던 사람들에게 그런 질문은 참 생뚱맞기까지 합니다. 그런데 숲이 인간에게 주는 이로움이 무엇이냐고 바꾸어 질문하면 몇 가지 공통된 대답이 돌아옵니다. 빗물을 조절하여 홍수를 막아 주는 '녹색댐'으로 숲을 이해하는 사람들도 있고요. 우리가 숨 쉬는 산소를 공급하는 '산소 공장'으로 숲을 이해하는 사람들도 많더군요. 그러니 숲의 순기능에 많은 사람이 공감하는 게 틀림없습니다.

토양층이 깊고 공극(토양 입자 사이의 틈)이 발달한 숲은 빗물을 저장해 두었다가 서서히 흘려 보냅니다. 숲이 있어야 물이 있다는 얘기는 바로 이런 원리에서 비롯된 말이지요. 숲은 그 밖에도 참 많은 역할을 합니다. 수많은 생물종이 사는 생명의 집이며, 일상에 지친 이들에게 휴식처를 제공합니다. 숲에서 나는 여러 임산물은 인간생활에 다양하게 쓰이기도 합니다. 숲이 인간에게 주는 혜택을 굳이 돈으로 환산한다면 연간 50조 원, 국내총생산의 약 9.7퍼센트에 해당한다고 해요. 국민 한 사람당 153만 원가량의 혜택이 돌아가는 셈입니다.

우리가 살고 있는 도시도 과거 어느 때에는 숲이었습니다. 숲은 도시에 밀리고 자동차에 길을 내주며 점점 줄어들고 있습니다. 줄어드는 것은 숲만이 아닙니다. 그곳에 함께 살던 무수한 생명들도 서식지를 잃고 사라졌고, 사라지는 중입니다. 숲은 단지 나무만 무성한 곳이 아니니까요.

　얼마 전 설악산에서 눈물 흘리는 산양 한 마리를 만났습니다. 산양은 제게 설악산 오색에 케이블카가 들어서려 한다면서 제발 막아달라고 했습니다. 케이블카가 세워지고 특급호텔 같은 시설물이 들어서면 설악산에 사는 수달, 하늘다람쥐, 까막딱따구리, 황조롱이, 붉은배새매 등의 천연기념물을 비롯한 수많은 생명들이 결국 다 떠나게 될 거라고 했습니다. 산양 이야기에 좀 더 귀 기울여 보니, 케이블카가 설치되면 40~50미터의 대형 철탑이 능선부를 따라 꽂히게 되더군요. 한 지역의 정서와 정체성을 결정하는 경관의 뿌리를 이루는 것이 바로 숲인데, 그러한 숲에 대형 철탑이 꽂힌다면 수려하던 설악산 오색의 경관은 어떻게 될까요? 더구나 설악산은 국립공원, 유네스코 생물권보전지역, 세계자연보전연맹 엄정자연보전지역, 백두대간보호지역, 산림유전자원보전구역 등 여느 산과 다르게 많은 수식어들이 따라다닙니다. 거기다 산 전체가 천연자원보호구역으로 지정된 천연기념물 171호 문화재이기도 하지요. 설악산에 이토록 많은 수식어가 붙은 것은 설악산의 생태적 가치가 그만큼 중요하다는 방증입니다.

　그렇다면 이토록 보전이 절실한 설악산에 케이블카를 설치하려는 까닭은 무엇 때문일까요? 간단히 말하면 개발과 이윤 논리 때문입니다. 숲을 개발과 이윤의 관점에서 본다면, 그곳은 그저 쓸모없이 버려진 공간으로 비쳐질 뿐입니다. 숲을 밀고서 구조물을 세우고 그곳에 사람들이 북적거려야 비로소 그 공간이 효율성을 띠고 가치를 지니게 된다는 게 개발 논리입니다. 이 논리에는 숲에 깃들어 살아가는 무수한 생명 따윈 애당초 포함되어 있지 않아요. 물론 지역 경제 활성화를 거론하며 설악산 케이블카 사업을 원하는 주민들도, 반대하는 주민들도 있습니다. 케이블카를 설치하든지 숲을 그대로 보전하든지, 어느 것이 그 지역을 살리는 길인지에 대해 충분히 논의가 이루어지지 않은 채로 결정된다면 분명히 나중에 문제가 생길 수 있겠지요. 분명한 것은 설악산이 어느 한 지역 소유의 산일 수도, 몇몇 개발업자의 결정에 좌우될 수도 없다는 점입니다. 설악산은 우리나라의 가장 대표적인 천연보호구역이며 유네스코에서도 생물권 보존지구로 지정한, 자연 그대로의 상태를 보존해야 할 가치가 있는 곳입니다.

숲이 연어를 키우고 연어가 숲을 만들듯, 생태계의 모든 생명들은 서로가 서로에게 깊이 의존하는 관계에 놓여 있습니다. 그러니 설악산 오색에 케이블카를 설치하는 문제 역시 상호의존적인 관계에서 고려되어야 합니다. 하나둘 돌이 빠진 돌담이 어느 날 갑자기 허물어지듯, 눈앞의 이윤만 좇다가 어느 순간 모든 것이 무너지는

불행은 피해야 하지 않을까요? 산양의 눈물은 머지않아 우리의 눈
물이 될 수 있습니다.

그저
사라지는 건 없다

지난여름은 꽤나 더웠습니다. 지루한 장마가 끝나고부터 시작된 폭염에 높은 습도가 더해지며 땀범벅인 채로 잠드는 날이 이어졌으니까요. 눈을 뜨기 전부터 우렁차게 울어대는 매미 소리는 마치 '오늘 하루도 몹시 더운 날'이라고 예보하는 듯 느껴졌고요. 그런데 가만 생각해 보면 더 더웠던 건 사람들의 마음이었던 것 같아요. 사람들에게서 더운 기운이 한껏 느껴졌다고 표현하면 적절할지 모르겠습니다만, 철이 바뀌고 해가 바뀌면서 사람들 마음도 점점 여유를 잃고 있다는 생각이 듭니다. 그리고 여유를 잃어버린 마음 가운데에는 이기심이 자리하고 있다는 생각이 들어요. 도시에 살다 보면 사람들

세상은 보이지 않는 끈으로 연결되어 있다

의 이기심이 여름을 더욱 덥게 만든다는 걸 느끼게 되거든요.

건물에서 배출하는 열기나 자동차에서 뿜어내는 뜨거운 기운은 도시를 점점 덥게 만듭니다. 내 몸에 닿는 열기는 싫고, 그래서 열기를 밖으로 내보냅니다. 그런데 그 열기가 어디로 가고 어떻게 되는지에 대해서는 별 관심이 없는 것 같아요. 내 몸에 와 닿는 열기가 내게서 사라진다면 그 열기가 어딘가로 옮겨 간 게 아닐까요? 그래서 내가 내딛는 발걸음 하나, 내 마음 한 자락이 어디로 향해 가고 있는지를 살피는 일 역시 중요합니다. 내가 행한 말과 생각과 행동이 어디에 머물러 어디로 가는지를 살피는 일은 태어나서 죽는 순간까지 계속되어야 할 가장 소중한 삶의 자세라고 생각합니다. 그 오고 감에 대해 생각하고 선택한다면, 당장 내 몸에 닿는 열기가 싫어 에어컨부터 켜는 행위를 한 템포 늦출 수 있기 때문입니다.

블랙아웃blackout을 우려해 절전을 말하는 사람들이 있습니다. 저는 블랙아웃을 막기 위해 전기를 절약해야 한다는 생각에는 원칙적으로 동의하지 않아요. 블랙아웃이 얼마나 위험천만한 일인지 몰라서 하는 말이 아니라, 그보다 더 근본적인 성찰이 필요하다고 생각하기 때문입니다. 전기가 생산되고 소비되는 과정은 다른 생명의 아픔이나 희생과 아주 밀접하게 연결되어 있습니다. 화석연료를 태워

발전하는 화력발전소라면 온실가스를 배출하는 주범이 될 테고요. 그렇게 만들어진 온실가스는 사람을 포함한 뭇 생명들의 삶을 점점 힘들게 합니다. 최근 미세먼지는 우리들의 건강을 직접 위협하고 있습니다. 석탄화력발전소는 미세먼지의 주요한 배출원이고요. 수력발전이라면 정든 고향 땅이 수몰되는 아픔을 겪은 이들의 사연뿐만 아니라 자연에 인위적인 변화를 줌으로써 다양한 생물들의 서식지를 빼앗는 결과를 낳습니다. 핵발전소라면 만일에 일어날 사고를 수습할 수 있는 기술이 아직까지 지구 상에 존재하지 않습니다. 그리고 그 사고는 전 지구적인 재난으로 자연의 질서를 일그러뜨리는 재앙이 될 것입니다. 어쩌면 인류 절멸을 가져올 수도 있을 테고요.

미국의 생태학자인 베리 코모너는 생태학을 이야기하면서 모든 것은 다른 모든 것과 연결되어 있다고 했습니다. 생태철학자인 조애너 메이시 역시 만물은 상호의존적인 인연으로 연결되어 있다고 말합니다. 정신적이든 신체적이든 모든 요인들이 서로 영향을 주고받는 연결망 속에서 존재한다고 말입니다. 서로 의존하는 관계로 연결된 채 존재하므로 서로가 서로에게 영향을 주고받는다는 거지요. 이 말은 불교에서 자주 언급되는 연기緣起적 세계관을 달리 표현한 말이라고도 할 수 있습니다.

더운 여름날 내가 머무는 공간을 식히면서 배출한 열은 다른 어딘가로 이동하겠지요. 그렇다면 내게서 떠나간 그 열은 어디로 이동한 것일까요? 우리는 그 열의 이동 경로를 생각해 봐야 합니다.

내보냈다고 생각한 열들은 밤늦도록 도시를 덥힙니다. 열섬이라고 하지요. 사람들은 열이 식지 않는 도시에서 열대야 때문에 잠을 설칩니다. 그런데 뜨거워진 열 때문에 잠들지 못하는 건 매미도 마찬가지입니다. 우리나라에서 흔히 볼 수 있는 말매미도 잠들지 못한 채 밤새도록 웁니다. 섭씨 28도가 넘어야 울기 시작한다는 말매미는 뜨거운 밤을 낮으로 착각한답니다. 가뜩이나 잠을 설친 도시인은 밤을 지새우며 울어대는 매미 소리로 더욱 괴롭습니다. 며칠 잠을 설치고 나면 사람들은 어떤 생각을 할까요? 언제든 에어컨을 켤 수 있도록 돈을 많이 벌어야겠다고 생각할까요? 능력만 된다면 집 안 전체를 냉방시스템으로 돌리고 싶은 욕망이 치고 올라올까요? 그러나 이런 욕망이 돌고 돌아서 결국 내 발목을 잡을 거라는 데 생각이 미치기까지 우리는 그저 욕망의 이끌림에 따를 뿐인 것 같습니다.

이산화탄소의 20퍼센트 정도는 바다가 흡수합니다. 그러기에 탄소 배출이 많아질수록 바다가 흡수하는 양도 늘어납니다. 최근 부각된 해양산성화 문제는 이런 맥락에서 심각성이 나날이 높아지고 있습니다. 지구온난화를 부추기는 대기 중의 이산화탄소 농도가 높아지면 바다로 흡수되는 탄소의 양도 증가합니다. 바닷물로 녹아 들어간 이산화탄소는 물과 반응하여 수소이온을 내놓아 바닷물의 수소이온농도를 높입니다. 수소이온농도가 높아질수록 가장 먼저 겉에 껍데기를 두른 해양생물에게 피해를 줍니다. 딱딱한 껍데기는 탄산칼슘이 주성분인데, 바로 그 탄산칼슘과 수소이온이 화학반응을 일으켜 생물이 생존하는 데 중요한 껍데기 만드는 것을 방해하거든요. 해양생태계의 아랫부분을 떠받치는 동물성 플랑크톤이 해양산성화 때문에 제대로 살지 못하면서 해양생태계 먹이사슬 전반에 비상이 걸리게 되는 거지요.

해양생태계는 단지 해양생태계만의 문제일까요? 해양생태계는 그대로 육상생태계와 긴밀하게 연결되어 있습니다. 남극의 기온이 올라가 빙하가 녹게 되자 아델리펭귄의 먹이인 크릴새우가 감소하게 되었습니다. 크릴새우의 먹이인 조류藻類는 빙하의 아랫부분에서 삽니다. 그런데 빙하가 줄어드니 조류의 양도 줄어들었고, 이를 먹이로 삼는 크릴새우가, 또 크릴새우를 먹는 아델리펭귄의 수도 줄어들었습니다. 아델리펭귄의 알을 먹고 사는 도둑갈매기도 영향을 받게 되었고요. 나아가 도둑갈매기 배설물은 남극의 육상생태계를 유지하는 데 중요한 역할을 하는데, 모든 것이 다 영향을 받게 된 거지요. 모든 것은 다른 모든 것들과 연결되어 있다는 말이 딱 들어맞는 예가 아닐 수 없어요. 우리 손으로 아델리펭귄이나 다른 해양생물에

세상은 보이지 않는 끈으로 연결되어 있다

게 직접 해를 끼친 것이 아니니 우리 잘못이 아니라고 말할 수 있을까요?

지구라는 닫힌 시스템 안에서 우리가 인위적으로 벌여 놓은 것들이 고스란히 소멸되는 경우는 없습니다. 결국 모두 우리에게 되돌아오는 인과를 빨리 알아차릴수록 그로 인해 생기는 괴로움은 그만큼 줄어들겠지요. 욕망에는 브레이크가 없습니다. 한번 내달리기 시작하면 대단한 결단력이 아니고서는 멈추기 어렵습니다.

불교의 초기경전인 《숫타니파타》에는 욕망과 고뇌에 관한 좋은 문답이 있습니다. 제자 아지타가 스승에게 묻지요. "세상은 무엇에 덮여 있고, 세상이 빛을 내지 못하고 더럽혀지는 것은 무엇 때문이고, 세상의 가장 커다란 두려움은 무엇입니까?"라고요. 스승은 "세상은 무지에 덮여 있고, 세상은 탐욕과 게으름 때문에 빛을 내지 못한다. 욕심은 세상의 더러움이며, 고뇌는 세상의 가장 커다란 두려움이다"라고 답합니다. 그러자 아지타는 "번뇌의 흐름은 어느 곳에나 있는데, 그 흐름을 막고 그치게 하는 것은 무엇입니까?"라고 묻습니다. 스승은 "세상에서 모든 번뇌의 흐름을 막는 것은 조심하는 일이다. 그것이 번뇌의 흐름을 막고 그치게 한다. 그 흐름은 지혜로 막을 수 있는 것이다"라고 답합니다.

무더위가 지나자 가을이 성큼 다가왔습니다. 한낮의 햇살 사이로 가을의 발끝이 언뜻언뜻 보이는 것 같습니다. 여러분이 머무는 곳에도 곧 국화꽃 향기가 가득할 테지요. 청명한 가을, 높아질 하늘만큼이나 나와 연결된 타자를 살피는 여유가 마음속에 자리하길 바랍니다.

사과 한 알이
절로 붉어질 리 없다

낙엽 태우는 냄새를 맡을 수 있는 때가 다가왔습니다. 하드보일드한 도시도 노랗고 빨갛게 가로수가 물드는 때만큼은 낭만적인 분위기가 가득할 것입니다. 예전 같지 않다고 하지만 여전히 가을 하늘은 높고 푸릅니다. 햇볕이 열매 속으로 스며들어 온갖 달콤한 맛으로 바뀌는 계절, 가을입니다.

며칠 전 달고 싱싱한 사과를 잘 먹고 빈 봉지를 버리려다 봉지 뒷면에 적힌 글귀가 눈에 들어왔습니다. '사과가 본격적으로 수확되는 것은 가을이지만 사과 농사는 지난해 겨울부터 시작되었다'로 써

내려간 글을 읽으며 경북 봉화의 어느 과수원을 상상했습니다.

지난해 가을, 사과 수확 이후 겨울에서 봄으로 계절이 바뀌는 동안 사과나무 가지를 치고 퇴비를 뿌려 땅심을 돋우느라 농부의 손길이 분주했을 것입니다. 4월 하순쯤 사과나무에 싹이 텄겠지요. 5월 초에 팝콘 터지듯 꽃이 피어났을 테고, 꽃을 솎아 내느라 나빴겠지요. 꽃이 열매로 바뀌는 오뉴월에는 열매를 솎아 내는데, 이때 나무 밑에 풀이 많이 자라지 않도록 풀을 베어야 합니다. 8월부터 11월까지 사과를 수확하고 나면 또다시 내년 농사를 준비하겠지요. 내가 맛있게 먹은 사과가 지난겨울부터 바삐 움직였을 농부의 손을 거친 덕분이라는 것에 깊이 감사했습니다. 그런데 감사한 마음을 농부의 손에서 끝낼 수가 없었습니다. 이 꽃 저 꽃을 옮겨 다니며 바지런을 떤 벌이 아니었다면 사과가 맺힐 수 없었을 테고, 뜨거운 볕과 알맞은 비, 그리고 뿌리를 내린 흙이 건강하지 않았다면 사과 한 알이 어찌 내 앞에 놓일 수 있었을까요? 그러니 그 모든 인연들에 감사할 수밖에요.

사과 한 알이 절로 붉어질 수 없듯이, 가을이면 황금색으로 물드는 들녘 역시 저절로 되었을 리 없습니다. 트인 물꼬로 콸콸 물이 흐르고, 무논에 개구리 소리가 봄밤을 까맣게 새우고 나야 갈색 논은 어느덧 초록으로 바뀝니다. 벼가 심어진 논바닥에는 손가락 반 마디

세상은 보이지 않는 끈으로 연결되어 있다

도 채 안 되는 옆새우가 물속 플랑크톤을 먹으며 살고 있습니다. 장구애비도 송장헤엄치개도 그곳에 살고 왕우렁이도 삽니다. 논바닥을 들쑤시며 다니는 미꾸라지가 있어 벼 뿌리가 튼실해집니다. 벼메뚜기, 벼멸구, 끝동매미충이 벼를 괴롭힐 때 사마귀, 깡충거미, 청개구리가 나타나 이들을 꿀꺽 해치웁니다. 그리고 백로가 찾아옵니다. 서로가 먹고 먹히며 벼를 키우는 것이지요.

논은 육상생태계에서 매우 중요한 습지이며 생물종 다양성에 크게 공헌합니다. 지구 육지면적의 6퍼센트가 습지인데, 그곳에 지구 생물종의 40퍼센트가 서식하고 있습니다. 가을날 단내가 논두렁을 넘어 물씬 풍겨 오더니 이윽고 황금빛으로 변합니다. 그 황금빛이 기름기 자르르 흐르는 햅쌀밥으로 식탁에 올라옵니다. 밥 한 그릇에 무수한 생명들의 삶과 작렬하던 태양의 숨결과 거센 태풍의 호흡이 담겨져 있습니다. 그러니 날마다 밥을 먹고 산다는 것이 단지 지갑에서 꺼낸 몇 푼어치일 수는 없습니다.

이토록 가깝게 연결된 생물과 인간의 공존은 어떻게 하면 지속 가능할까요? 살아 있는 화석이라 불리는 두루미는 약 4천만 년 동안 지구의 하늘과 대지를 누벼 온 새입니다. 오랜 세월 동안 자손이 번창했을 것 같지만 현존하는 두루미류는 전 세계에 15종이며, 특히 흑두루미는 1만여 마리만 남아 있습니다. 이토록 귀한 흑두루미가 작년에 1,430마리가 넘게 순천만엘 찾아왔습니다. 1999년만 해도 순천만을 찾은 흑두루미 수는 79마리에 불과했는데 스무 배 가깝도록 늘어난 셈이지요. 골재 채취로 사라질 뻔했던 순천만 갈대습지를 흑두루미를 비롯한 철새 도래지로 바꾼 순천만 사람들의 지혜 덕분입니다. 순천만으로 찾아온 흑두루미에게 먹이를 주는 일뿐만 아니라 흑두루미가 편히 지낼 수 있도록 오가는 차량을 통제하고, 흑두루미 목욕탕을 운영하고, 밤에는 불빛을 차단해서 곤히 잠잘 수 있도록 배려를 아끼지 않았습니다. 이제 순천만 사람들은 매년 10월 중순이 넘어가면 손가락을 꼽으며 손님이 오길 학수고대합니다. 그리고 그 손님을 맞이하려고 해마다 많은 이들이 순천만을 찾습니다. 지역경제 활성화는 건설이나 개발이 아닌 흑두루미를 비롯한 철새들이 겨울 한철을 편히 쉬다 갈 수 있도록 잘 돌보는 일로도 가능합니다.

우리는 모두 하나하나 개별적 독특성을 지닌 존재이면서 동시에 깊이 연결된 존재입니다. 그러니 개별 존재의 건강한 생존은 지속가능한 공존과 다르지 않습니다. 사과 한 알이 절로 붉어질 수 없는 이치라 하겠습니다.

세상은 보이지 않는 끈으로 연결되어 있다

어느 생명인들
귀하지 않을까

어느 일요일 아침, 우연히 쇼팽 곡을 하나 들었습니다. 휴일 아침이
주는 느긋함으로 편안한 분위기에서 이 곡을 듣는데 알 수 없는 슬
픔, 애잔함 같은 감정에 한껏 빠져들게 되었습니다. 자주 듣던 곡인
데도 그날따라 특별한 느낌으로 다가와 몇 번이고 반복해 듣다가 제
목이 궁금해졌습니다. 그런데 〈봄의 왈츠〉라는 걸 확인하고 저는 적
잖이 당황했지요. 흔히 봄은 생동하는 계절, 희망의 계절로 묘사되
고는 합니다. 저 또한 그러한 표현에 특별히 이의를 달지 않았습니
다. 그런데 쇼팽의 이 곡은 그런 일반적인 생각과는 달랐어요. 가족
들에게 이 곡에서 느껴지는 계절을 물었더니 가을이나 겨울이라고

답하더군요. 제 생각과 그리 다르지 않았던 거지요.

산 바로 아래에 살면서 저는 새와 친구가 되었습니다. 처음 이사 왔을 때 베란다 난간에 달린 화분걸이에 빈 화분을 내놓고 새 모이로 쌀을 좀 뿌려 놓았습니다. 새가 찾아오길 기다린 지 스무하루 만에 참새가 한 마리 날아왔어요. 그때의 반가움은 글로 다 옮기지 못할 것 같습니다. 식구들에게 이 소식을 알리자 모두들 달뜬 마음에 일찍 귀가했지요. 이미 참새는 귀소한 후였고, 저문 시각에 볼 수 있는 것은 아무것도 없었지만 식구들은 애써 흔적을 찾으려 했습니다. 그날 식구들은 흥분에 겨워 참새의 다녀감에 대해 밤늦도록 얘기했어요. 최초의 참새 한 마리는 친구들을 데려오는지 다음 날부터 수가 점점 늘었습니다. 흔하디흔한 텃새인 참새를 저는 처음으로 가까이에서 관찰하게 되었지요. 마치 턱수염 같은 턱 밑 줄무늬 색으로 참새가 어린지 다 컸는지를 구분한다는 것도 알게 되었습니다. 참새 무리에도 어느 정도 서열이 있다는 것도 새롭게 안 사실이었지요. 참새를 시작으로 직박구리, 까치, 박새, 어치가 찾아오면서 가족들의 놀라움은 굉장했습니다. 어느 날부터 아이들은 집에 돌아오면 난간 모이대에 모이가 남았는지부터 확인했어요. 늘 말끔하게 먹던 모이대에 뭔가 남아 있기라도 하면 왜 다 먹지 않았는지 궁금해했습니다. 새롭게 들리는 새소리에 저 새는 누굴까 궁금해하며 도감을 뒤지는 큰아이, 이른 아침 재재거리며 날아와 모이 먹는 참새를 보려 늦잠이 줄어든 작은아이도 모두 새와 친구가 되었습니다. 우리 집 새 모이대에 처음엔 오래 묵은 쌀, 좁쌀, 구운 지 시간이 좀 지난 빵 등이 올랐습니다. 그러다 개수대에 흘린 밥알, 국물을 내고 난 멸치, 도려낸 과일이나 지방이 많은 육류, 안 먹는 생선 부위 등 점차 메뉴가 다양해졌지요. 어릴 적 우리 식구는 언제나 개와 함께 살았는데, 저녁 늦게 거나해져 귀가하시는 아버지 손에 갈비 뼈다귀며 생선뼈만 남은 매운탕이 담긴 봉지가 들려 있던 걸 이제 이해할 수 있을 것 같습니다.

가을 저녁, 거센 비바람에 나무가 휘청거리며 춤추는 컴컴한 숲에서 여러 새들의 울음소리가 뒤섞여 들렸습니다. 제 귀에는 마치 거센 바람을 견디느라 힘들어하는 소리 같았습니다. 밤새 뒤척이며 저 새들이 모두 무사하기를, 얼른 비바람이 잦아들기를 빌었어요. 다음 날 아침, 모이를 먹으러 찾아온 새들이 얼마나 반가웠던지 저도 모르게 "고생했어" 하는 말과 함께 눈물이 쏟아졌습니다. 날이 추워지는 어느 날 도감을 뒤적거리던 큰아이가, "참새나 박새처럼 몸집이 작은 새들은 추운 겨울에 얼어 죽기도 한대" 하는 말에 가슴이 철렁 내려앉았어요. 모이대에 함께 놔두던 물그릇에 물이 언 날이면 새들이 무사히 겨울을 날 수 있기를 마음속으로 기도했습니다. 하루

하루 날아와 모이를 먹고 가는 새들을 보며 안쓰럽기도 대견하기도 하다는 주제넘은 생각도 했지요.

며칠 따뜻하다 갑자기 기온이 뚝 떨어진 어느 날, 길가에서 손바닥 반도 안 되는 크기의 쇠박새 사체 하나를 발견했습니다. 털 달린 짐승을 만지지 못하기에 지나가는 누군가가 거두어 주기를 기다렸어요. 바삐 오가는 사람들 가운데 어쩌다 눈에 띄면 힐끔 쳐다볼 뿐 아무도 그 쇠박새를 거두어 줄 기미가 보이질 않았습니다. 왜 자세히 봤을까 스스로를 자책하면서도 차마 그냥 두고 올 수가 없었어요. 두 눈을 질끈 감고 죽은 쇠박새를 근처 화단의 영산홍 아래에 낙엽을 깔고 묻어 주는데 눈물이 쏟아졌습니다. 그저 애잔했던 건지, 생명 있는 모든 것의 무상함 때문이었는지는 잘 모르겠어요.

한동안 나무와 풀을 공부하면서 식물도감 보는 재미에 푹 빠졌던 때가 있었어요. 들로 산으로 뛰어다니던 어린 시절 내 발끝에 무수히 차이던 풀들에게도 이름이 있다는 사실은 알수록 놀라웠습니다. 꽃다지, 방동사니, 바랭이, 명아주 등등 도시로 나와 살면서 그들과는 이내 멀어졌다가 그 이름을 알아 가면서 옛 친구들을 다시 만난 것마냥 기뻤어요. 그저 '풀' 혹은 '잡초'라 뭉뚱그렸던 그들을 '괭이밥', '애기똥풀'로 부르니 생김새에 한 번 더 눈길이 머무는 건 당연했습니다. 이름에 담긴 뜻을 알고 나서 다시 들여다보면 선명한 잔상이 오래 남았습니다. 그럼에도 여전히 제게 잡초는 많습니다. 잡초였다가 이름을 달고 새롭게 온 풀들을 만난 경험 이후로도 여전히 잡초인 그들은, 제가 이름을 미처 모르거나 아직 이름을 얻기 전일 뿐 더 이상 한 무더기의 풀은 결코 아닙니다.

조지프 코캐너가 쓴 《잡초의 재발견》을 읽다 보면 농사에 잡초가 얼마나 유용한지를 알게 됩니다. 농작물이 튼실하게 자랄 수 있게 해준 건 전초기지처럼 앞서 험난한 하층부까지 길을 내어 준 잡초였습니다. 천덕꾸러기로 취급을 받으면서도 침식작용으로 사라질 뻔한 많은 토지를 구한 것도 알고 보면 잡초입니다. 이른 봄 가장 먼저 파릇하게 올라오는 것도 잡초이고요.

쇼팽의 〈봄의 왈츠〉를 다시 들으며 이 곡이 연주하는 봄을 비로소 생각해 봅니다. 혹독한 겨울을 간신히 넘어선 생명들이 너덜거리고 기진맥진하며 맞이하는 봄은 얼마나 처연한가요? 로제트(냉이나 민들레처럼 짧은 줄기의 끝에서부터 땅에 붙어서 사방으로 나는 잎)로 칼바람을 막아 낸 끝에 쬐는 햇살 한 줌은 얼마나 반가웠을까요? 궁핍한 겨울은 끝자락에 매달려 있고 봄은 아직 이른 시기에 연명할 그 무엇이 필요했을 그들, 그렇게 혹독한 터널 끝에 맞이한 봄이 그저 생동감 넘친다는 수사는 어쩌면 안일한 관념에 지나지 않을지도 모르겠습니다.

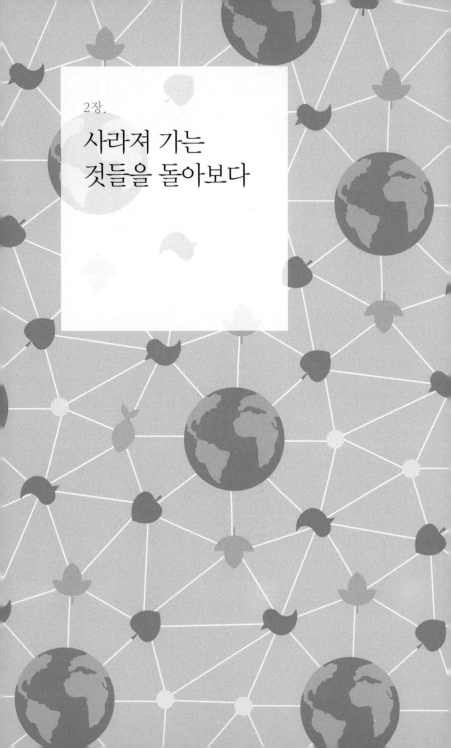

2장.

사라져 가는
것들을 돌아보다

파란 하늘,
흰 구름이 그리운 시절

하늘에 뜬 별을 본 적이 있니?

아니오.

파란 하늘을 본 적은?

조금 파란 건 한 번 본 것 같아요.

구름은?

아니오.

왜 나는 밖에서 놀면 안 되나요?

차이징의 다큐영화 〈돔 아래에서 Under the Dome〉 **중 한 장면을 옮**

겨 봤습니다. 이 영화는 인터넷에 공개된 지 일주일 만에 중국정부에 의해 차단되었지요. 그 일주일 동안에 조회 수가 2억을 넘겼습니다. 2014년 한 해 동안 중국의 스모그 발생 일수는 베이징 175일, 란저우 112일, 청두 125일, 선양 152일, 톈진 197일, 스자좡 264일을 기록했습니다. 끔찍한 스모그는 환경에 대한 중국인들의 생각을 완전히 바꿔 놓을 것 같습니다. 별도 구름도 본 적이 없는 이 아이의 대답을 들으며 지구의 미래가 과연 희망이 있기는 한가를 되묻게 됩니다.

비단 중국만의 문제가 아니기 때문입니다. 서울에서 나고 자란 또래 아이들에게 같은 질문을 했다면 어땠을까요? 서울 하늘 역시 별을 볼 수 있는 날은 손에 꼽을 정도입니다. 그마저도 희미하게 한두 개 떠 있는 게 고작일 때가 대부분입니다. 하늘에 별이 무수히 많다는 건 서울 하늘에서는 상상할 수 없습니다. 시골의 밤하늘을 올려다본 경험이 있다면 서울 하늘에 어쩌다 반짝이는 별을 봤다고 하는 건 민망하기까지 합니다. 그럼에도 그런 별조차 베이징의 저 아이는 본 적이 없다니 좀 더 나은 우리들 처지에 감사해야 할까요?

언제부턴가 아침에 일어나 가장 먼저 살피는 게 날씨가 아닌 미세먼지 주의보가 되었습니다. 날씨보다 대기오염 정도를 살피게 된 요즘의 변화는 우리에게 맑은 공기가 얼마나 소중한가를 실감케 합니다.

세상은 보이지 않는 끈으로 연결되어 있다

캐나다 앨버타의 광활한 원시림은 북극 가까이 있으며 거의 만 년 동안 잘 보존되어 왔습니다. 근처에 사는 선주민들을 제외하고 일반인들에게는 존재조차 없던 그곳에 사우디아라비아 보유량의 세 배나 되는 석유가 매장되어 있다는 사실이 알려지면서 원시림은 처참한 운명을 맞이했습니다. 사실 석유라고 해도 드릴로 뚫어 쭉쭉 뽑아 올릴 수 있는 석유가 아닌 역청이라 불리는 끈적거리는 타르샌드입니다. 만약 이 타르샌드가 아니었다면 여전히 장구한 세월을 품은 원시림이었을 그곳이 지금은 지구 상에서 가장 핫한 곳이 되었습니다.

　　타르샌드를 뽑아 올리기 위해 가장 먼저 하는 일이 원시림 벌목입니다. 원시림은 순식간에 사라지고 말았지요. 만 년 동안 쌓인 시간을 그토록 빨리 없애는 기술을 우리는 과학적 진보라 부릅니다. 점토층에 섞인 원유를 추출하는 과정에서 일반적인 방식으로 석유를 채굴할 때보다 훨씬 많은 온실가스가 배출되어 환경보호론자들은 타르샌드가 개발되면 '기후정상화는 끝장'이라고 경고했습니다. 그러나 이런 경고가 돈에 취한 이들의 귀에 닿기나 할까요? 진흙에서 끈적이는 역청을 분리하려면 어마어마한 물이 필요하며 쓰고 난 폐수의 양도 상상을 초월합니다. 타르샌드를 꺼내는 과정에서 주변 생태계는 여지없이 망가지고, 그 생태계에 깃들어 사는 생명들은 소리 없이 죽어 갑니다. 사람이라고 크게 다르지 않을 것입니다.

앨버타에서 조상 대대로 살아오고 있는 선주민들은 캐나다 정부를 상대로 소송을 진행하고 있습니다. 우리는 그들의 목소리에 귀 기울일 필요가 있습니다. 저널리스트이자 원작 작가인 나오미 클라인이 내레이터로 참여한 다큐 영화 〈이것이 모든 것을 바꾼다This changes everything〉에서 그 목소리를 일부 옮겨 봅니다.

그들(타르샌드 개발자)이 와서 땅을 갖고 싶다고 하더군요. 우리는 그렇게 생각하지 않아요. 우리는 땅이 우리를 소유한다고 생각하니까요. 우리는 이 땅의 손님일 뿐이지요. 그래서 함께 공유할 수는 있지만 누군가에게 줄 수는 없는 거지요.

이 영화에는 희뿌연 하늘과 미세먼지 너머에서 벌어지는 힘겨운 사투가 다양하게 담겨 있습니다. 사투의 중심에는 화석연료와 석탄발전소의 개발과 성장 논리가 숨어 있습니다. 인도 솜페타에는 석탄화력발전소 건설 예정지가 있습니다. 대부분의 혐오시설들은 가장 힘없고 가난한 이들이 사는 곳을 조준합니다. 솜페타 역시 그런 곳입니다. 다행히도 이곳에 사는 빈민들은 그들의 삶터인 땅과 물이 석탄화력발전소로 인해 오염이 될 것이고, 그들이 더욱 지독한 가난으로 내몰릴 거라는 것을 알았습니다. 그들은 자신들의 행복이 건강한 땅과 물과 자연에서 나온다고 이해하고 있었지요. 골 깊은 주름이 가득한, 검게 그을린 얼굴의 솜페타 주민들은 남녀노소를 가리지 않고 마을을 지키려 똘똘 뭉쳤습니다. 그들은 생존을 위해 절박하게 싸웠고, 결국 석탄화력발전소 건설은 취소되었어요. 솜페타 투쟁은 세계의 모든 환경운동을 고무시킨 싸움이었습니다.

발전소를 짓는 문제로 세계 곳곳이 마찰을 빚고 있는데, 또 다른 쪽에선 솔라 시티solar city가 만들어지고 있습니다. 2015년 파리기후총회에서 타결된 파리협정을 두고 서구 언론들은 입을 모아 '화석연료의 종말'을 얘기했습니다. 백 퍼센트 재생에너지는 이미 독일을 비롯한 유럽 도시 곳곳에서 진행되고 있습니다. 사실 화석연료의 뒤를 이을 재생에너지가 전혀 새로운 에너지원은 아닙니다. 400년 가까이 써온 화석연료 이전에 우리는 태양과 바람과 물과 같은 자연에너지에 의지해 살았습니다. 땅속에 있는 화석연료를 인위적으로 퍼올린 에너지는 정상 상태라고 보기 어렵습니다. 인류 역사 전체를 놓고 봐도 화석연료에 의존했던 시기는 매우 짧습니다. 이런 관점에서 본다면 지난 400년은 비정상 상태였고, 우리는 이제 정상 상태로 갈 일을 눈앞에 남겨 두고 있는 셈입니다.

2016년은 엘니뇨현상까지 겹쳐 여름 기온이 만만치 않았습니다. 그러나 아무리 더워도 스위치 한 번으로 금세 서늘해지는 세상은 얼마 편리한가요? 그러니 이 편한 것을 포기하는 일은 몹시 어려운 일이기도 합니다. 우리가 쓰는 전기에너지의 3분의 2는 석탄화력발전소에서 생산됩니다. 심각해지는 미세먼지와 전기사용량은 비례관계에 놓여 있습니다. 폐 깊숙이 들어가 혈관으로 스며들어 심혈관계 질환과 뇌혈관계 질환을 일으키는 미세먼지를 세계보건기구 산하 국제암연구소에서는 1군 발암물질로 지정하고 있습니다. 석탄화력발전소를 가리켜 '침묵의 살인자'라고 하는 건 바로 이 때문입니다. 땅속에 있어야 할 것을 인위적으로 꺼내 쓰면서 지구도, 지구에 의지해 사는 생명들도 모두 아프게 되는 거지요.

우리에겐 별, 구름, 파란 하늘을 보고 맑은 공기를 들이마실 권리가 있습니다. 다만 삶의 방식을 바꾼다는 전제하에 그 권리는 유효할 뿐입니다.

콘센트 너머의 비극, 기후변화

비가 내린 날 저녁이면 우리 집 베란다에는 식구 수만큼 색색이 우산 꽃이 핍니다. 우산을 말리려고 베란다에 펼쳐 놓은 우산이 옹기종기 어우러진 모습은 비 온 날만 볼 수 있는 정겨운 풍경입니다. 어제 우연히 라디오를 듣다가 '간만의 단비로 해갈'이라는 진행자의 말에 귀가 번쩍 뜨였습니다. '해갈'이라는 표현을 쓸 정도로 그렇게나 비가 내리지 않았던가 싶었거든요. 그리고 보니 최근 우리 집 베란다에 우산 꽃이 핀 기억이 거의 없었던 것도 같습니다.

2012년 5월을 기억하나요? 하늘을 쳐다보며 애타게 비를 기다리던 그해 5월을. 제 기억에 2012년은 봄 가뭄으로 인해 비의 고마움을 절절히 느꼈던 해였습니다. 비가 내리질 않아 풀은 말할 것도 없고, 길가 쥐똥나무와 아파트 화단의 철쭉이 5월의 꽃봉오리를 매단 채 그대로 바싹 말라 버렸으니까요. 거의 두 달여 비가 내리지 않자 기우제를 지내야 하는 것 아니냐는 얘기까지 나돌 정도로 산천초목과 함께 우리의 마음도 타들어 갔던 듯싶습니다. 기상청 홈페이지에 들어가 우리나라 5월의 평균 강수량을 찾아봤더니 102밀리미터였습니다. 그런데 2012년 5월 한 달 강수량은 8밀리미터더군요. 당시의 목마름이 얼마나 극심했는지를 수치로 확인하고 나니 우울감이 몰려왔습니다. 왜냐하면 앞으로 이런 가뭄이 점점 빈번할 것이기 때문입니다.

2013년 7월은 또 어땠나요? 7월 한 달 동안 26일 비가 내렸습니다. 거의 날마다 비가 내려 빨래가 마르지 않아 집집이 곤혹을 치렀지요. 2015년의 가뭄은 또 어땠나요? 사실 가뭄은 2014년부터 시작되어 그 이듬해인 2015년에 극심해졌습니다. 그런데 이런 난리법석도 달이 바뀌고 계절이 가면 잊힙니다.

사계절이 있는 우리나라에서 기후변화를 체감하기란 쉽지 않습니다. 그렇지만 조금만 생각해 보면 우리 생활 곳곳에서 기후변화로 인한 어려움에 이미 직면해 있음을 알 수 있습니다. 비가 너무 안 와서 또는 너무 많이 내려서 생활에 불편을 겪고 있으니까요. 그런데

세상은 보이지 않는 끈으로 연결되어 있다

기후변화가 우리에게 그저 불편함만 가져다 줄까요?

　기후변화는 식량 생산과 깊이 연관되어 있습니다. 비가 내려야 할 때 내리지 않거나 오지 말아야 할 때 많이 내리면 그해 농사는 그르치게 됩니다. 인류가 살아가는 데 꼭 필요한 조건에 식량과 물, 이 둘을 빼면 무엇이 더 필요할까요? 휴대전화나 자동차를 갉아 먹으며 살아갈 수는 없는 일입니다. 그런데도 이런 것들이 식량과 물의 자리를 치고 들어오고 있네요.

　2013년 말, 아이피씨씨(IPCC, 기후변화에 관한 정부간 패널) 5차 보고서가 발표되면서 기후변화의 가장 큰 원인으로 지목된 것이 바로 '전력을 생산, 수송, 소비하는 과정에서 발생하는 이산화탄소'였습니다. 물론 이산화탄소만이 기후변화의 주된 원인은 아닙니다. 이산화탄소를 비롯한 몇몇 기체들을 온실가스라고 해서 지구온난화의 원인 물질로 꼽고 있지요. 온실가스 가운데 메탄CH_4은 이산화탄소보다 25배, 아산화질소N_2O는 이산화탄소의 300배나 강력한 온실효과를 가져옵니다. 그러나 가장 많은 비중을 차지하는 것이 이산화탄소이므로 흔히 '탄소발자국', '탄소배출권'과 같은 표현처럼 탄소를 온실가스의 대표주자로 거론합니다.

　기후변화의 가장 큰 원인으로 전기를 꼽고 있는데 전기와 이산화탄소는 잘 연결이 되질 않습니다. 아궁이에 장작을 때는 풍경이라면 쉽게 이산화탄소 발생을 떠올리게 되지만, 연기 한 점 피어오르지 않는 깔끔한 콘센트에 플러그를 꽂아 전기를 쓰는 일과 이산화탄소 배출, 이 둘의 관계는 모호한 듯 느껴집니다. 그 까닭이 콘센트 너머에 무엇이 있는지를 미처 깨닫지 못하고 살아가기 때문은 아닌가 싶습니다.

그렇다면 콘센트 너머에는 무엇이 있을까요? 제일 앞줄에 석탄화력발전소의 시커먼 연기가 있습니다. 아하 하고 무릎을 치며 곧바로 전기와 이산화탄소 배출의 관계를 알아차리게 되지 않나요? 콘센트 너머에는 그 밖에도 참 많은 것들이 있습니다. 녹아내리는 빙하 때문에 익사하는 북극곰이 있고요. 50년 만에 최악의 가뭄으로 인해 일리노이 주 파밍데일 옥수수농장의 옥수수가 모두 말라 버린 일도 콘센트 너머에서 벌어지는 일입니다. 콘센트 너머에는 후쿠시마 핵발전소 사고가 있고, 사고로 인한 방사능 오염수 배출로 태평양 전체가 오염되고 있는 현장이 있습니다. 또한 극심한 가뭄과 강풍으로 인해 쉴 새 없이 발생하는 호주의 산불이 있습니다. 그 산불로 화상을 입은 채 발견된 코알라는 네 발에 붕대를 칭칭 감고도 씩씩한 모습을 보여 주었지만 결국 화상 합병증으로 생을 마감했지요. 콘센트 너머에는 송전탑 갈등으로 인한 밀양 할매들의 피눈물도 있습니다. 그러고 보니 콘센트 너머에는 슬픔들이 켜켜이 배어 있군요.

세상은 보이지 않는 끈으로 연결되어 있다

콘센트 너머에 얼마나 많은 고통들이 차곡차곡 쌓여 있는지를 알아 가는 일은 불편한 진실입니다. 그렇지만 이러한 불편함은 바로 우리가 빚어낸 결과이기도 합니다. 어느 날 자고 일어났더니 온 세상에 콘센트가 사라진다면 어떤 일이 벌어질까요? 대체 우리는 무엇을 할 수 있을까요? 콘센트 없는 세상을 상상하다 든 생각은 우리들의 생활 기반이 얼마나 나약하고 허술한가 하는 것이었습니다. 오늘날을 문명 시대라 하지만 오직 전기에 모든 것이 종속된 삶이 과연 문명 시대일까요? 그렇지만 문명 시대이기도 합니다. 모든 것이 전기에 종속되어 있지만 에너지 전환이 이루어진다면 우리의 생활 기반이 허약하지 않을 수도 있으니까요. 불편한 진실의 원인이 우리에게 있다는 것을 아는 쉬운 방법 가운데 하나가 콘센트의 출발점이 어떠한가를 살펴보는 것입니다.

미국의 부통령을 지냈고 기후변화 관련 활동에 열정을 쏟고 있는 앨 고어는 《우리의 선택》이라는 책에서 하루 동안 내리쬐는 태양에너지를 잘 갈무리한다면 지구 전체가 한 해 동안 쓸 에너지를 감당할 수 있다고 합니다. 기술적인 보완을 감안하더라도 일주일 정도의 태양에너지면 지구 한 해 에너지로 충분하다고 말이지요. 콘센트의 출발점이 지속가능한지 그렇지 않은지는 관점을 완전히 달리하는 문제입니다.

이제 온실가스 감축은 세계인의 의무입니다. 선진국에만 온실가스 감축 의무를 지우던 '교토의정서' 기한은 2020년이면 끝이 납니다. 2020년 이후는 신기후체제가 시작되며 우리나라를 포함한 전 세계가 온실가스 감축 의무를 져야 합니다. 기후변화가 심각한 지경에 이를수록 온실가스 감축은 절실한 문제가 될 수밖에 없습니다. 세계는 어떤 방법으로 온실가스 감축을 위해 노력하고 있을까요?

선진국들은 지난 30년간 태양광, 풍력, 지열 등 자연에너지를 이용해 엄청난 양의 전기를 생산해 오고 있습니다. 그리하여 현재 지구에서 만들어지는 전기의 약 20퍼센트 이상을 자연에너지(재생가능에너지)에서 얻고 있고, 이 양은 전 세계 핵발전이 생산하는 전기의 약 두 배에 해당합니다. 독일과 덴마크 등의 경우에는 2050년까지 핵발전소뿐 아니라 화력발전소까지 모두 없애고 모든 전기를 재생가능에너지로 충당한다는 계획을 진행하고 있을 정도니까요. 한때 오일쇼크의 충격과 기후변화의 대안으로 등장했던 핵발전을 많은 선진국들이 버리는 추세입니다.

그렇다면 우리나라는 어떨까요? 약 70퍼센트의 전기를 화력발전에서 생산하고, 약 30퍼센트의 전기는 핵발전으로 생산하고 있습니다. 우리나라의 재생가능에너지를 이용한 전기 생산은 고작 0.4퍼센트 정도입니다. 세계 평균이 20퍼센트 이상인데 우리나라는 0.4퍼

세상은 보이지 않는 끈으로 연결되어 있다

센트라니 경제협력개발기구 국가들 가운데 꼴찌입니다. 게다가 현재 석탄화력발전소를 55기 갖고 있는 우리나라는 앞으로 노후한 석탄발전소 10기를 폐지하는 대신 2025년까지 18기의 석탄화력발전소를 더 짓겠다고 합니다. 2016년 11월에는 국제 기후변화 연구기관들로부터 '기후변화 4대 악당 국가'로 지목됐습니다. 기후변화 전문 온라인 언론인 〈클라이밋 홈 폼〉이 기후행동추적CAT을 분석한 결과, 우리나라는 1인당 온실가스 배출량의 가파른 증가 속도, 석탄화력발전소 수출에 대한 재정 지원 등의 이유로 기후변화대응 불량 국가가 됐다고 합니다. 우리 사회는 대체 어디를 향해 가고 있는 걸까요?

1970년대 초반 오일쇼크를 겪은 세계가 너도나도 앞다투어 핵발전으로 몰려갈 때 덴마크는 전혀 다른 사회화 과정을 거칩니다. 덴마크에는 '시민합의회의'라는 전통이 있는데, 이 합의체를 통해 수준 높은 토론들이 진행됐습니다. '에너지를 풍족하게 쓰는 것이 무슨 의미가 있는가'라는 주제로까지 이어진 심도 깊은 토론들이 이루어졌지요. 그 결과 곳곳에서 반원전운동이 불붙게 되었고요. 그중 주목할 만한 움직임으로 트빈스쿨이라는 덴마크의 대표적인 대안학교에서 에너지 자립운동의 일환으로 풍차를 제작하는 프로젝트가 있었습니다. 몇몇 전문가와 비전문가들이 함께 연구하며 자신들이 갖고 있는 기술을 응용하고 중고 부품을 이용해서 풍차를 제작했지요. '정부가 60만 킬로와트의 원전 1기를 만들고자 한다면 우리는 3만 대의 풍차를 만들어서 민중의 힘을 보여 주겠다'는 정신으로 출발해, 총 10만 명이 참여한 대중운동으로 이끕니다. 결국 덴마크 정부는 1985년에 핵발전소를 인가하지 않겠다고 선언하게 됩니다.

오늘 우리가 사는 세상은 기후변화로 인한 생물다양성 감소, 식량문제, 물 부족, 불평등, 빈곤 등 산적한 사회문제와 갈등 속에 처해 있습니다. 기후변화로 인한 고통이 점점 우리 생활 깊숙이 침범해 오는 현실에서 대안을 찾는 일은 우리 모두의 의무입니다.

나와 나를 둘러싼 세상은 서로 긴밀한 관계에 놓여 있으므로 세상의 문제는 곧 내 문제인 거지요. 우리는 세상의 일을 외면하지 않은 채 문제들이 해결될 수 있도록 능동적으로 참여하고 정책에 반영될 수 있도록 기꺼이 노력해야 합니다. 내가 변해야 세상이 변하니까요.

씨앗을 나누고
뿌릴 권리

몇 년 동안 쉬던 텃밭 농사를 다시 시작했습니다. 다섯 평 남짓한 밭 뙈기를 놓고 농사라는 거창한 말을 붙이자니 낯간지럽습니다. 그럼에도 도시에서 텃밭을 가꾸겠다고 용기를 낸 것이 스스로 대견하여 굳이 농사라고 불러 봅니다. 생태적인 삶을 살고자 노력해도 늘 2퍼센트 부족했던 느낌이 흙을 만나고 나서야 비로소 해갈되었다고 할까요. 축축한 흙을 만질 때의 자유로움은 말로 다 표현할 길이 없습니다.

흙은 생명 순환의 시작이며 끝이지요. 한 알의 씨앗을 품은 흙은 새로운 생명을 대지로 올려 보냅니다. 씨앗이 사라지며 새로운 시작이 열리는 거지요. 뿌리를 뻗는 만큼 싹은 자라면서 잎을 내고 꽃을 피우고 곤충들을 불러 모으며 어느덧 열매를 맺습니다. 열매가 다 익을 즈음, 식물은 다시 흙으로 돌아갈 준비를 합니다. 결국 흙으로 돌아가면서 새로운 씨앗에게 또다시 임무를 남깁니다. 세상 밖으로 떨치고 일어날 수 있는 힘을 말입니다. 씨앗을 생각할 때마다 철학자가 되는 자신을 발견합니다. 씨앗이 담고 있는 잠재력과 상상력, 그뿐 아니라 모든 생명의 원천임을 생각하면 말이지요.

북아메리카 선주민 가운데는 열두 달을 자연의 변화에 따라 부르는 이들이 있습니다. 가령 이런 거지요. 2월은 '바람 속에 봄이 묻어오는 달'이라고 부른답니다. 2월은 겨울의 마지막 추위가 남아 있다 해도 바람 속에 봄이 묻어오고 있음을 이들은 알던 거지요. 경험에서 비롯된 지혜라고 할까요. 3월은 '마음이 설레는 달'이랍니다. 왜 마음이 설렐까 궁금해할 필요도 없는 것이 4월 '씨앗을 머리맡에 두고 자는 달'이 말해 주고 있습니다. 따스한 기운이 얼마나 반가웠을까요? 겨우내 궁핍했을 그들의 삶을 생각하니 마음 한편에 연민이 입니다. 그러니 '씨앗을 머리맡에 두고 자는' 4월은 얼마나 기다리던 반가운 이름이었을까요. 눈앞에 누렇게 익어 갈 곡식을 생각하면 먹지 않아도 배가 부르다는 표현이 절로 떠오릅니다. 씨앗은 곧

세상은 보이지 않는 끈으로 연결되어 있다

수확을 의미합니다. 그러니 농사짓는 이들에게는 수확만큼이나 씨앗의 갈무리도 중요했을 것입니다.

불과 두 세대만 올라가도 대부분이 농사를 짓고 살던 시절이었습니다. 빠르게 도시화가 진행되면서 농업인구가 줄었고, 씨앗을 귀히 여기던 시대는 씨앗을 사서 쓰는 시대에 자리를 내주었습니다. 이제 이 땅에서 재배되는 많은 씨앗이 더 이상 우리에게 소유권이 없다는 사실을 알고 있나요?

토종 씨앗들이 점점 우리 곁에서 사라지고 있습니다. 그렇다면 우리의 고유한 씨앗, 토종 종자는 왜 점차 사라지고 있는 걸까요? 결론부터 말하자면 철저히 이윤 때문이지요. 씨를 받아 농사를 지을 때보다 새로운 품종의 생산성이 좋아졌거든요. 거기다 일할 수 있는 젊은이들이 죄다 도시로 떠나게 되면서 농촌의 고령화가 심각해졌지요. 일은 많고 노동력이 받쳐 주지 못하니까 토종 종자를 갈무리하지 못한 거예요. 종자는 심지 않으면 사라집니다. 토종 종자를 갈무리할 여력은 안 되고, 새로운 품종의 생산성이 뛰어나니 눈앞의 유혹을 물리치기란 쉽지 않았을 것입니다.

그런데 한 가지 간과한 것이 새로운 품종의 뛰어난 생산성 이면에 담긴 기업의 탐욕이라는 검은 그림자였어요. 생명과학 기술의 발달로 기업들이 새로운 씨앗을 만든 배경에는 씨앗에 대한 특허를 가지고 종자시장을 독점하려는 전략이 있었거든요. 가령 이런 거지요. 부모세대가 가진 유전자를 자식세대에게 물려주지 못하고 한 세대에서 끝나도록 씨앗을 만든다든가, 자기들이 판매하는 씨앗에만 적합한 비료와 농약을 개발하는 전략 같은 거예요. 기업들은 이런 이야기를 철저히 비밀로 했어요. 오히려 크기와 맛이 좋아지고, 많이 수확할 수 있으며, 병충해에 강하다고 선전했지요.

현재 세계 종자시장을 좌지우지하는 대표적인 기업으로 몬산토가 있습니다. 몬산토는 베트남 전쟁 때 고엽제로 알려진 디디티(DDT, 유기 염소 화합물의 농업용 살충제)를 만든 회사였지요. 지엠오(GMO, 유전자 조작 식품)로 유명한 기업이기도 합니다.

국제식물신품종보호협약이 1991년에 개정되고 종자의 지식 재산권이 발생하자 글로벌 기업들은 서로 경쟁을 벌이게 됩니다. 한마디로 종자 전쟁이 시작된 거지요. 과거 우리나라의 최대 종자회사였던 흥농종묘, 중앙종묘 등 국내 4대 종자기업들은 1997년 외환위기 이후에 외국의 다국적 기업에 인수합병되었습니다. 2012년은 한농종묘가 몬산토 코리아에 흡수 합병된 해이지요. 우리가 농산물을 먹을 때마다 사용료를 외국 종자회사에 주고 있는 셈입니다.

평생토록 토종 종자를 연구해 온 안완식 박사(씨드림 대표)는 토종을 '수천 년 동안 우리 민족에게 의식주를 제공해 온 가장 큰 유

세상은 보이지 않는 끈으로 연결되어 있다

산'이라고 표현했습니다. 토종이 중요한 까닭은 오랫동안 우리 땅의 기후환경에 적응해 왔기 때문에 농약이나 비료를 많이 쓸 필요가 없다는 거지요. 그럼에도 앞서 얘기했듯이 다국적 종자기업에게 종자 주권을 다 잃어버렸어요.

더 심각한 것은 생산성이 좋아서 쓰기 시작한 씨앗들이 실은 터미네이터(다음 세대에서는 전혀 발아가 되지 않는, 즉 싹이 나지 않는 불임 씨앗)와 트레일러(종자기업이 만든 특정 농약이나 비료를 같이 사용해야만 발아가 되거나 생육이 되는 씨앗), F1(1세대에서만 형질의 우수성을 나타내고 다음 세대에서는 전혀 다른 특징을 보이는 씨앗) 따위로 불리는 소위 일회용 품종이었던 것입니다. 이런 종류의 씨앗들은 한 해가 지나고 나면 쓸모가 없어지는 씨앗입니다. 사정이 이렇다 보니 농민들은 해마다 비싼 값을 치르면서까지 씨앗을 구입할 수밖에 없게 된 거지요. 종자 주권을 잃었다는 건 바로 이런 뜻입니다. 2010년 한 해에만 218억 원 정도의 사용료를 냈고, 2012년부터 향후 10년 동안을 예측하면 7970억 원 정도의 돈이 종자 사용료로 나갈 수 있다고 합니다. 파프리카나 토마토 씨앗의 가격을 같은 무게로 비교해 보면 금값보다 두 배가량 더 비싸다고 합니다.

종자 주권을 빼앗기면 식량 주권을 빼앗긴 것이나 마찬가지고, 이것은 식량 안보와도 깊이 관련되어 있습니다. 종자 주권이란 농민들이 서로 종자를 주고받고 바꿀 수 있는 권리인데, 이제는 이마저도 마음대로 하지 못하게 된 거지요. 많은 농가가 전 세계 70퍼센트의 종자를 움켜쥐고 있는 몬산토의 종자를 쓰다 보니 몬산토가 값을 올려도 사야 하고, 씨앗이 다음 해에 싹을 못 틔우니 또 사야 하고, 제초제와 비료를 함께 써야 생산이 가능하니 결국 농사를 지을수록 몬산토에 좋은 일만 시키는 꼴이 된 거지요.

옛날에 심었던 여러 작물들 가운데 현재 75퍼센트가 멸종되었고 25퍼센트의 작물만이 남아 있다고 합니다. 미국은 단일작물 재배국으로 유명하지요. 미국의 경우 95퍼센트의 작물이 사라졌다고 합니다. 밀, 옥수수, 콩 정도가 남았다고 보면 될 정도라고 하니 얼마나 품종이 단순해졌는지 짐작할 수 있지요. 전 세계 음식의 60퍼센트가 밀이나 쌀과 옥수수로 만드는 것입니다. 그 종자 생산량의 90퍼센트는 몇 개 안 되는 품종으로 이루어져 있고요. 이러니 앞으로 엄청난 기후변화가 올 거라는데, 몇 가지만 사라져도 지구는 식량 위기에 봉착하게 되는 거지요. 기후변화로 인해 식량 전쟁이 일어날 거라는 예측은 이러한 자료에 근거한 것입니다.

시민들을 대상으로 '기후변화로 우리나라가 겪게 될 가장 큰 고통이 무엇이라고 생각하느냐'는 질문을 하면 많은 사람들이 홍수나 가뭄, 생물다양성 감소 등을 들더군요. 식량이나 물 문제로 고통을

겨게 될 거라고 생각하는 이들은 많지 않았습니다. 그동안 우리에게
는 너무나 풍족하게 먹고 마실 것들이 있었기 때문은 아니었을까요.
그렇지만 기후변화의 변수는 언제 어디서 어떤 모습으로 찾아올지
알 수 없답니다. 그리고 식량 안보는 우리의 주권과 동등하다는 것
도 기억해야 해요.

인간을 제외하고 세상 어느 미물도 제 먹을 것을 스스로 자급하
지 않는 생명은 없지요. 그럼에도 우리에게 씨앗을 나누고 뿌릴 권
리조차 없다면 어떡할까요? 대부분의 먹을거리를 바깥에서 의존하
고 있는 지금, 우리의 삶은 지속가능하지도 생태적이지도 않습니다.

사라져 가는
쇠똥구리

세상에서 가장 더러운 것이 무엇이냐고 물으면 많은 이들이 똥을 꼽지 않을까요? 그렇지만 똥이 더러울 수는 있어도 그 가치마저 더러운 것은 아닙니다. 똥이 생존에 필수인 동물이 있습니다. 바로 쇠똥구리입니다.

쇠똥구리는 전 세계에 고루 분포하며 토양의 비옥도에 기여하는 곤충입니다. 동물의 배설물을 적극적으로 재활용하는 고마운 곤충이지요. 한 무더기의 똥이 땅에 떨어지면 쇠똥구리들이 몰려들어 똥을 자르고 경단을 빚은 뒤 굴려서 가져갑니다. 그렇게 만든 똥 경단의 일부는 먹고, 일부는 알을 낳아 땅속에 묻지요. 물론 모든 쇠똥구리가 똥 경단을 굴리는 건 아닙니다. 뿔쇠똥구리와 애기뿔쇠똥구리는 경단을 만들지 않고 소똥에 직접 알을 낳기도 합니다. 똥이 삶의 전부인 쇠똥구리가 옛사람들 눈에는 어떻게 보였을까요?

고대 이집트에서는 동물의 배설물에서 다시 태어나는 쇠똥구리에게 부활의 힘이 있다고 믿으며 신성하게 여겼습니다. 고대 이집트인들이 쇠똥구리를 형상화하여 만든 장신구가 있는데, 바로 '스카라베'라는 것입니다. 미라를 피라미드에 안치할 때 부활의 의미로 미라 가슴에 이 스카라베를 놓아두었다고도 합니다. 또한 이른 아침, 동물의 배설물을 경단으로 빚어 굴리고 가는 쇠똥구리의 모습에서 태양을 운반하는 광경을 상상하며 '케프리Khepri'라는 태양신을 숭배하기도 했습니다. 이집트 오시리스 신화를 그린 벽화에도 쇠똥구리의 모습이 발견되지요.

이렇듯 신비한 존재이기도 한 쇠똥구리가 현실에서 더욱 중요해진 것은 1788년에 오스트레일리아로 소 일곱 마리를 끌고 온 영국 이민자들 때문이었습니다. 그들에게 점차 쌓이는 소똥은 큰 골칫거리였습니다. 소똥이 초원을 덮자 급기야는 풀이 자라는 데 피해를 주었고, 쌓인 소똥에 몰려든 집파리가 늘면서 사람과 소 떼의 야외 생활이 불편해졌거든요. 당시 오스트레일리아에는 250여 종의 쇠똥구리가 있었지만 소똥을 먹어 본 쇠똥구리는 없었습니다. 그럴 수밖에 없는 것이 오스트레일리아에 이민자들이 오기 전까지는 소가 없었으니까요. 그곳의 쇠똥구리는 캥거루나 에뮤 같은 토착 동물들의 배설물을 처리하는 데만 적응해 왔던 것이지요. 오스트레일리아의 소는 갈수록 늘어났고, 늘어난 소들이 남긴 배설물 또한 늘어갔습니다. 가만히 놔두면 엄청난 목초지가 소똥에 뒤덮일 판국이었지요. 결국 이 문제를 해결하려고 아프리카와 아시아, 유럽 등지에서 잡아온 20여 종의 쇠똥구리가 방사되었습니다. 그렇게 30년이 지나자 오스트레일리아 땅에 쇠똥구리가 정착하게 되었습니다. 쇠똥구리가 소똥을 처리하자 자연스레 집파리의 수도 줄게 되었고, 쇠똥구리가 똥으로 만든 경단을 땅속에 묻어 두어 토양에 질소를 공급해 목초지를 계속 유지할 수 있게 된 것입니다.

쇠똥구리는 한때 우리 농촌에도 흔한 곤충이었습니다. 그러다 어느 순간 사라져 지금은 멸종위기 야생동물 2급으로 지정되었습니다. 쇠똥구리에게 무슨 일이 생긴 걸까요? 똥은 여전히 있어 왔는데 말이지요. 오히려 축산농가에서는 가축 분뇨를 처리하는 문제로 고심한다고 합니다. 어떤 이는 몰래 하천에 흘려 보내 수질오염을 일으키기도 하지요. 쇠똥구리가 게을렀던 것일까요?

쇠똥구리가 흔하던 시절에 가축들은 여물을 먹고 살았습니다. 그런데 요즘 가축들은 사료에 들어 있는 갖가지 항생제까지 먹습니다. 그러니 그 똥을 쇠똥구리가 쓸 수 없게 되어 버린 거예요. 똥의 자연스런 순환에 문제가 생긴 것입니다. 우리 삶이 자연스럽지 못한 방향으로 가고 있으니 넘치는 똥은 단순히 폐기물로 전락해 버렸습니다. 쇠똥구리가 얼른 적응해서 사료와 항생제 범벅인 똥으로 경단을 빚고 알을 낳기만을 기다려야 할까요?

따져 보면 우리들이 날마다 누는 똥 역시 순환을 못하기는 마찬가지입니다. 물에 씻겨 정화조로 들어가 찌꺼기와 물로 분리되어 찌꺼기는 쓰레기로 버려지는 단절의 시대입니다. 똥이 순환하지 못하는 게 무슨 대수냐고 할 수 있겠지만 생태계 전체로 보면 생산자는 오직 식물입니다. 그들이 생산해 낸 걸 소비하는 동물이 마지막으로 생태계에 기여할 수 있는 건 쓰고 남은 것을 자연으로 되돌리는 일입니다. 하지만 그러지 못함으로써 순환의 고리가 끊어진 셈이지요.

인도에 사는 지인이 며칠 전 쇠똥구리 사진을 찍어 보내 왔습니다. 아직 그곳에는 쇠똥구리가 살더군요. 귀여운 삼지창 더듬이를 발름거리며 똥 경단을 굴리는 쇠똥구리의 모습이 눈앞에 아른거립니다. 인터넷을 징검다리 삼으면 공간을 초월해 언제든 소식을 주고받을 수 있는 세상에 살고 있습니다. 이 놀라운 세상에서 쇠똥구리의 정겨운 모습을 더는 볼 수 없을지도 모른다고 생각하니 안타깝습니다. 그들이 다시 우리 곁으로 돌아오게 할 방법은 없을까요?

도로에 갇혀
길 잃은 동물들

비디오테이프로 영화를 보던 시절이 있었습니다. 언제나 첫 장면은 '호환과 마마'만큼 무서운 불법비디오를 보지 말라는 공익광고였습니다. 목숨을 잃기도 했으니 호환과 마마에 대한 두려움은 실로 컸을 것입니다. 그러나 시대가 바뀌고 동물원 우리 안에서나 볼 수 있는 호랑이는 더 이상 맹수도 아니고, 이제 지구에서 자취를 감춘 천연두 역시 두려워할 그 무엇이 아니게 되었습니다. 그럼에도 이 둘을 여전히 두려움의 대상으로 설정한 광고는 오히려 희화되어 버린 느낌이었지요.

그런데 어느 날 밤 우연히 도로 위에 줄지어 선 자동차 전조등을

세상은 보이지 않는 끈으로 연결되어 있다

보다가 아주 잠깐이었지만 호환이 떠올랐습니다. 자동차 전조등에서 나오는 불빛이 마치 짐승의 눈이 번득이는 것처럼 느껴졌거든요. 생각해 보니 자동차라는 물건은 고갯마루에서 떡하니 입을 벌리고 있는 호랑이 같은 맹수처럼 보이기도 합니다. 달리고 있는 자동차라면 더욱 말이지요.

대부분 7~8월이 되면 휴가를 떠납니다. 더운 계절이니만큼 여름 휴가는 곧 피서를 의미합니다. 이름난 산과 계곡, 바닷가뿐만 아니라 잘 알려지지 않은 자연 깊숙이 한적한 곳을 찾아 사람들은 떠납니다.

서울연구원 자료에 따르면, 2011년 기준 자가용 보급률은 65.7퍼센트에 이릅니다. 자가용은 사람들의 발길이 전국 방방곡곡에 가 닿는 데 큰 역할을 합니다. 자동차는 도로가 확보되어야 움직일 수 있으니 도로 건설 역시 증가하는 추세입니다. 자동차는 짐 진 이들의 수고로움을 해결해 주었고, 다리 아프게 걷는 데서 인간을 해방시켜 주었습니다. 걸어서 한 달이 걸리던 거리를 불과 몇 시간 만에 갈 수 있도록 했으니, 자동차는 시간 단축에도 크게 기여했지요. 아무리 험한 고갯길도 엔진의 힘으로 가만히 앉아서 가뿐히 넘어갑니다. 호랑이가 자주 출몰하는 험준한 고갯길을 넘기 위해서는 길 가는 나그네 수십 명이 모일 때까지 산 아래 주막에서 몇 날 며칠이고 기다렸다는 얘기는 판타지가 되어 버렸어요. 이렇듯 문명의 이기인 자동차를 동물 입장에서 본다면 어떨까요?

야생동물 교통사고라 불리는 '로드킬'을 당하는 동물의 숫자가 우리나라에서만 한 해 100만 마리에 이릅니다. 로드킬 피해는 땅 위를 다니는 동물뿐만 아니라, 낮게 날다 높은 속도로 달리는 차에 기류가 휘말리면서 방향을 잃는 새들도 해당됩니다. 일상에서도 기류에 휘말리는 경험을 할 수 있습니다. 신호를 기다리며 정차한 차에 타고 있을 때 그 옆으로 다른 차가 빠른 속도로 달리면 정차한 차가 휘청거리는 걸 느끼거든요. 그 정도의 위력이니 하늘을 나는 가벼운 새야 그 기류를 당해 낼 재간이 없을 것입니다. 로드킬을 당한 사체를 먹으려고 도로로 뛰어든 또 다른 짐승들로 인해 로드킬은 또 다른 로드킬을 부르기도 합니다. 또한 로드킬은 사고를 일으킨 운전자에게도 두고두고 트라우마가 됩니다.

그렇다면 동물들은 왜 위험하게 도로를 횡단하는 걸까요? 이 의문에 답하려면 도로가 있는 곳이 이전에는 어떤 곳이었는지를 상상해 볼 필요가 있습니다. 지구 상의 어느 곳에도 처음부터 도로였던 곳은 없습니다. 모두 자연 상태였다가 인간에 의해 밀리고 도시가 만들어지면서 자동차가 다닐 공간을 확보하기 위해 도로가 만들어졌지요. 물론 앞으로도 도로는 계속해서 늘어날 것입니다. 현재 우

세상은 보이지 않는 끈으로 연결되어 있다

리나라의 도로 길이는 대략 10만 킬로미터가 넘습니다. 자연이었던 공간이 도로에 자리를 내주면서 자연은 계속 작은 크기로 조각이 납니다. 그러니 먹이를 구하거나 계속 돌아다녀야 하는 습성을 가진 동물들에게 이러한 환경은 어떨까요? 그러므로 동물들이 도로에 뛰어들어서 로드킬이 발생했다는 표현은 옳지 않습니다. 오히려 동물들이 살던 터전에 사람들이 도로를 만들며 조각내 버렸기 때문에 로드킬이 발생했다는 표현이 타당합니다.

우리가 로드킬로부터 동물들을 지켜 낼 방법은 무엇일까요? 아니 우리 자신을 트라우마로부터 지켜 낼 방법은 무엇일까요? 자연과 인접한 도로에서는 속력을 최대한 낮추고 운전해 보면 어떨까요? 가능하다면 그런 곳에서 야간 운전을 피하는 것도 좋은 방법입니다. 길을 가다 로드킬을 당한 동물을 만난다면 잘 수습해서 2, 3차 로드킬이 발생하지 않도록 방지한다면 더욱 좋겠습니다.

자연을 파괴하며
그리워하는 모순

내 아이들이 어릴 적에 《작은 집 이야기》란 그림책을 자주 읽어 주었습니다. 미국 작가 버지니아 리 버튼이 쓰고 그린 이 그림책의 내용은 대략 이러합니다.

　먼 옛날 시골 마을에 작은 집이 한 채 있었습니다. 아담하고 아름다운 집이었지요. 그 집을 지은 사람은 금과 은을 다 주어도 이 집을 절대 팔지 않을 거라 했습니다. 그는 그의 자손들이 그 집에서 사는 모습을 지켜보며 오래도록 이 작은 집이 남아 있길 소망했습니다. 작은 집은 언덕 위에 올라앉아 주변 경치를 보며 시간과 계절이

변화하는 걸 느끼고 행복해했습니다. 그러다 어느 날 작은 집은 말이 끌지 않는데도 꼬불꼬불한 시골길을 내려가는 수레를 보고 깜짝 놀랐습니다. 그 후 오래지 않아 말이 끄는 마차가 줄어들고 말이 끌지 않는 수레가 점점 늘어났습니다. 시간이 지나면서 작은 집 주변은 조금씩 개발되고 발전하면서 거대한 도시로 바뀌어 갔습니다. 작은 집은 도시를 '모두들 바빠 보였고, 모두들 허둥대는 것'처럼 느꼈습니다. 작은 집은 도시에서는 결코 '언제가 봄이고, 언제가 여름이고, 언제가 가을인지, 겨울인지조차 가늠할 수 없다'는 걸 알게 되었습니다. 겨우 한낮에만 해를 볼 수 있고, 밤에는 도시의 불빛이 너무 밝아서 달도 별도 볼 수 없었습니다. 사람들이 점점 더 부산하게 움직였고, 모두들 흘깃 눈 돌릴 새도 없이 뛰어만 다니는 그곳에서 작은 집은 도시에 파묻혀 존재감마저 사라질 지경에 이르렀습니다. 창가에 달린 덧창이 일부 떨어져 나가고 유리창마저 깨진 작은 집은 초라하기 이를 데 없는 행색이 되었고, 그 누구의 눈길도 끌지 못하는 상태에 이르렀습니다. 그럼에도 작은 집은 시골 마을과 데이지꽃 들판과 달빛 아래 춤추는 사과나무를 꿈꾸었습니다. 꿈을 꾼 덕분이었을까요? 드디어 어느 날 작은 집을 알아보는 사람이 나타났습니다. 그 사람은 작은 집을 지은 사람의 손녀의 손녀였습니다. 그는 그 집을 이내 알아보고는 작은 집을 옮기기로 합니다. 옮기는 장면이 압권입니다. 존재감조차 없던 작은 집을 옮기는 날, 도시 전체는 몇 시간이나 교통이 마비됩니다. 드디어 작은 집은 예전의 그 풍경과 비슷한 자연으로 옮겨지게 되었습니다.

이 책에는 자연이 도시로 변하는 과정이 그대로 담겨 있습니다. 풀과 나무와 소박한 작은 집이 있던 공간이 거대한 빌딩과 찻길 빼곡한 도시로 바뀌는 걸 소위 발전이라 합니다. 그러니까 자연이 줄어드는 것이 발전인 셈이지요. 발전이란 일반적으로 더 좋고 나은 상태로 나아가는 걸 뜻합니다. 많은 이들은 더욱 발전하고 싶어 합니다. 자연이 줄어드는 것을 발전이라 하고, 발전해야 한다는 사람들이 자연을 그리워하는 걸 보면 그 자체가 모순이 아닐까 하는 생각도 듭니다.

저는 아름다운 자연을 싫어하는 사람을 본 적이 없습니다. 오히려 많은 사람들이 직접 자연을 보고 싶어 하지요. 심지어는 다른 나라의 자연을 보려고 여행을 다니기도 하니까요. 작은 집이 묘사하는 도시의 모습을 보면 자연이 줄어들수록 삶이 행복하지 않음을 짐작할 수 있습니다. 도시에 사는 사람들은 모두들 바빠 보였고, 모두들 허둥대고 있다는 작은 집의 그 표현은 실제 도시인의 모습과 별반 다르지 않아 보입니다.

바쁘고 허둥대는 하루를 보내면서 우리는 몇 번이나 자신과 만나는 시간을 가질까요? 자연과 내가 서로 연결된 존재라는 것을 생각해 보기는 할까요? 계절이 어떤 모습으로 오고 가는지 알아차린 적은 몇 번이나 될까요?

자연이 존재하므로 나 또한 존재할 수 있다는 지혜는 우리들에게 작고 소중한 것에 감사하는 마음을 갖게 합니다. 그리고 그 감사함은 나를 많은 존재들과 더욱 촘촘히 연결시켜 줍니다. 모든 존재의 인과를 섬세하게 살필수록 허둥거리고 바쁘던 일상의 속도가 조금씩 느려지고 여유로워지는 걸 느낍니다. 그런데 자연이 줄어든 도시에서 이를 느끼기란 좀처럼 쉽지 않습니다. 바로 이런 이유 때문에 금과 은을 다 준대도 양보하지 않고 지켜 내야 하는 것이 곧 자연이 아닐까 싶습니다. 뭇 존재들이 살아 숨 쉬는 그곳은 곧 내 존재이기도 하니까요. 그러니 무엇이 진정한 발전인가에 대한 고민은 좀 더 깊어져야 할 것 같습니다.

핵발전이
만든 풍경

풍경 하나

다리 하나가 잘린 개, 굶주려 늘어진 상태에서 들쥐에게 뜯어 먹혀 죽어 가는 소.

재난의 최우선 피해자는 언제나 약자입니다. 재난의 종류와 상관없이 말입니다. 2011년 동일본 대지진 이후 연이어 터진 핵발전소 폭발 대참사로 사람들은 황급히 피난길에 올랐지만 사람과 함께 살던 반려동물과 가축들은 고스란히 남겨졌습니다. 굶주림과 멧돼지, 들쥐 등의 야생동물에게 습격당해 떼죽음을 당한 동물들의 숫자는 가늠키 어렵습니다. 남겨진 동물들 문제로 골머리를 앓던 일본

세상은 보이지 않는 끈으로 연결되어 있다

정부가 선택한 것은 살처분 후에 매장하는 것이었어요. 가족과도 같았던 반려동물의 생존이 궁금해 후쿠시마에 잠깐 들렀던 사람들 가운데는 되돌아오지 않고 그곳을 지키며 동물을 돌보는 이들이 있습니다. 여전히 고농도 방사능 때문에 위험한 지역이지만 자신의 건강만을 생각하기에는 질병과 굶주림으로 사투를 벌이는 동물들의 모습이 눈에 밟혀 차마 그들을 뿌리치지 못한 거지요. 핵발전소 사고로 삶이 엉망이 되어 버린 사람들이 한둘이 아닌데 무슨 동물 타령이냐고요? 사람에게 절대적으로 의존할 수밖에 없도록 길들여진 가축이나 반려동물에게 닥친 충격이 사람과 결코 다를 것 같지 않습니다. 동물들도 돈 없고 권력 없는 사람들과 똑같은 약자입니다. 오히려 인간이 저지른 재앙 앞에 속수무책으로 당하는 동물들을 돌보는 사람들은 재앙을 초래한 인간의 삶을 성찰하는 시간을 갖게 될 것 같습니다.

풍경 둘

부서진 유아용 책상과 나뒹구는 물건들, 이리저리 널브러진 침상들.

낡고 녹슨 필터 너머로 보는 듯한 유치원 교실 풍경은 시간을 30년 전의 다급하고 끔찍했을 재앙을 떠올리기에 부족하지 않습니다. 주민보다 묘지가 더 많은 마을, 아무도 살지 않아 유령도시로 변한 마을이 있습니다. 가족을 잃은 슬픔보다 살아남은 가족들의 건강을 걱정하느라 더욱 슬픈 사람들이 사는 곳, 체르노빌 인근 지역의 모습입니다. 1986년에 폭발 사고가 났던 체르노빌 4호기는 현재 거대한 덮개로 사고 원전을 덮으려는 공사가 진행되고 있습니다. 사고 후 30년이 흐른 지금, 이미 사고 수습이 끝나도 한참 전에 끝났어야만 할 것 같은 시간인데도 여전히 수습 중이란 말입니다. 그러니 방사능으로 오염된 땅이 복구되는 것은 얼마나 많은 시간이 흘러야 할지 요원하기만 합니다.

풍경 셋

2015년 8월, 알래스카 해안가로 떠밀려 온 고래 사체 아홉 구.

지구 상에서 가장 덩치가 큰 포유류 가운데 하나인 고래가 이렇게나 많이 죽어 떠밀려 왔습니다. 과학자들은 왜 고래가 죽었는지 원인을 찾으려고 조사를 벌였습니다. 처음에는 지구온난화로 인한 녹조 때문이 아닐까 하고 의심했답니다. 그러나 고래 내장에는 녹조로 의심되는 그 무엇도 발견되지 않았고, 대신 세슘137이 발견되었습니다. 세슘137은 핵이 분열할 때 발생하는 방사성 동위원소로 침투력이 강한 감마선을 내기 때문에 생물체에 치명적입니다. 가장 위험한 방사성물질이지요. 후쿠시마 사고 두 해가 지난 시점에 후쿠시마 원전 앞바다에서 잡은 어류에서 허용기준치를 2,540배 넘는 방사성물질 세슘이 검출되었다고 〈도쿄 신문〉이 보도한 바 있습니다. 사실 허용기준치라는 말도 어불성설입니다. 방사성물질에 대한 허용기준치는 '제로'입니다. 제로 이외의 숫자는 모두 경중이 다른 위험일 뿐이지요. 후쿠시마 원전 앞바다에 사는 어류에서 왜 이토록 높은 수치의 세슘이 검출되었을까요?

후쿠시마에는 쓰나미가 덮치며 폭발한 발전소 4곳이 여태 수습되지 못한 채 날마다 300톤 이상의 방사능 오염수를 태평양으로 흘려 보내고 있습니다. 태평양으로 흘러 나간 방사능 오염수는 해양생물에게 아무런 영향도 미치지 않을까요? 방사능이 음식 등을 통해 몸 안으로 들어가 문제를 일으키는 걸 내부피폭이라고 합니다. 이것은 낙진 등으로 인한 외부피폭보다 적어도 100배는 위험하다고 하지요. 다시 고래 이야기로 돌아가면, 고래는 몸집이 큰 만큼 먹이를 많이 먹습니다. 상상하기 싫은 일이지만 후쿠시마 원전에서 흘러나오는 방사능 오염수로 태평양은 오염이 진행 중이라는 걸 고래는 죽음으로써 알려 주고 있는지도 모르겠습니다. 혹자는 이제 태평양에서 나는 수산물은 먹을 수 없다고까지 얘기합니다. 전 세계 인구 가운데 얼마나 많은 연안 및 섬나라 사람들이 바다에 의존해 살아가고 있을지는 세계지도만 봐도 짐작이 갑니다. 그들의 삶터이자 해양생물의 서식지인 바다가 방사능으로 오염된다는 것은 결국 우리의 삶 전체가 방사능으로 오염될 거라는 의미이기도 합니다.

핵발전소 사고로 인해 벌어지는 풍경들은 시간의 흐름과 무관하게 여전히 현재진행형입니다. 이 글에 담지 못한 고통과 공포는 훨씬 크고 많을 거라 짐작할 뿐입니다. 그런데 이런 고통과 공포가 이 땅에서 벌어지지 않았으니 그저 태평양산 수산물만 조심하면 되는 걸까요? 체르노빌 핵발전소가 폭발했을 때 때마침 남동풍이 불어 체르노빌 북쪽에 위치한 벨라루스에는 방사능 낙진의 70퍼센트 이상이 쏟아지면서 가장 큰 피해지역이 되었습니다. 일본 후쿠시마 사고로 바다 건너 태평양 연안에서 세슘137을 비롯한 방사성물질이 지속적으로 발견되고, 알래스카로 떠밀려 온 고래 배 속에서도 세슘137이 발견되는 게 현실입니다. 공기는 순환하고, 해류도 순환하고, 결국 세계가 하나로 연결되어 있으니 세계 어느 곳에서 핵사고가 일어나든 전 인류에게는 재앙이 될 수 있습니다.

한국수력원자력 홈페이지에 들어가면 첫 화면에 '미래를 여는 에너지'라는 문구가 뜹니다. 저는 이것이야말로 대국민 사기라고 생각합니다. 왜냐하면 핵에너지는 이미 전 세계가 인정한 사양 산업입니다. 그러니 '지는 에너지'라고 표현해야 적확할 것입니다. 여전히 핵이 가장 싼 에너지라고 말하지만, 독일을 비롯한 유럽과 미국조차 더 이상 핵발전소를 짓지 않고 있습니다. 대신 태양광발전과 풍력발전 건설에 엄청난 속도를 내고 있지요. 가장 싼 에너지라면 이 나라들은 왜 핵발전을 포기하고 재생에너지원으로 방향을 틀었을까요? 핵발전이 가장 싸다는 우리나라의 핵산업 관계자와 유럽을 비롯해 원전을 포기한 국가 가운데 누군가는 분명 거짓말을 하는 것일 테지요. 2014년에 한국을 방문했던 독일 에너지정책 컨설턴트인 마이클 슈나이더 씨에 따르면, 전 세계에 가동 중인 원전 개수는 2002년에, 전체 에너지 생산에서 원전이 차지하는 비중은 2006년에 이미 정점에 다다랐다고 합니다. 그 이후 원전산업은 쇠퇴의 길을 걷고 있고, 후쿠시마 사고는 그 쇠퇴 속도를 가속화시켰지요. 이렇게 원전산업이 쇠퇴의 길을 걷는 이유는 비싸기 때문입니다.

20대 후반이라고요? 미안하지만 당신에게는 미래가 없습니다. 듣지 않거나 보지 않으려 하지 마세요. 공포스러운 이야기여도 진실이에요.

호주 출신 의사이며 세계적 반핵운동가인 헬렌 칼데콧 여사가 2013년에 한국을 찾았을 때 그를 인터뷰하려는 한국 기자에게 대뜸 건넨 말이었습니다. 이 말이 이따금 생각나고는 합니다. 만약 그의 말이 여기서 끝났다면 이 말을 얼른 잊으려 했을 것입니다. 그러나 뒤이어 그는 "그렇지만 우리가 바꿀 수 있어요"라고 말했습니다. 어떻게 바꿀 수 있느냐고 물을 겨를도 없이 그의 입에서 해법이 쏟아져 나왔습니다. 원자력발전소를 닫고, 전 세계 핵무기의 97퍼센트를 보유한 미국과 러시아가 핵무기를 없애면 우리의 미래는 핵의 공포에서 벗어날 수 있다고 말이지요.

핵은 미래의 에너지도, 안전하지도, 싸지도 않습니다. 모두 거짓입니다. 혹자는 묻습니다. 왜 이런 위험천만한 핵발전소를 계속 지으려 하느냐고요. 대답은 아주 간단합니다. 돈 때문이지요. 핵발전소를 지으면서 엄청난 이득을 가져가는 곳이 있기 때문에 이토록 핵발전소 건설에 목을 매고 있는 것입니다. 그런데 말입니다. 만약 핵발전소 건설사에 핵사고가 발생할 때 모든 책임을 져야 할 의무를 포함시킨다면 어떻게 될까요? 과연 그런 책임을 선뜻 받아들이며 핵발전소를 짓겠다고 나서는 기업이 있을까요? 사고가 나면 그 모든 책임은 이 땅에서 살아야만 하는 이들에게로 떠넘겨질 것입니다. 이웃 나라 일본이 그랬듯이 말이지요. 그런데도 이러한 핵발전소를 계속 지어야 할까요?

세상은 보이지 않는 끈으로 연결되어 있다

종이로 덧없이
사라지는 숲

새벽에 배달된 신문을 집어 들고 화장실로 갑니다. 볼일을 마치고 휴지를 드르륵 당겨 뜯습니다. 식탁에 앉아 아침밥을 먹다 흘린 반찬을 냅킨으로 닦습니다. 출근길에 지하철역 입구에 놓인 지역신문을 집어 듭니다. 회사에 도착하자마자 이메일을 확인하고 회의 자료를 출력합니다.

어느새 점심시간이네요. 식당에서 밥값을 계산하고 영수증을 받습니다. 커피전문점에서 일회용 컵에 담긴 커피를 한 잔 사고 또 영수증을 받습니다. 현금을 찾으려고 자동 인출기에서 돈을 찾고 명세서를 뽑습니다. 감기 기운이 있는지 콧물이 자꾸 흐르네요. 가방에서 휴지를 꺼내 콧물을 닦습니다.

어느덧 퇴근시간이네요. 예약한 음악회에 가기 전에 간단히 햄버거로 저녁을 때웁니다. 포장지를 벗겨 햄버거를 먹고, 일회용 컵에 든 콜라를 마시며 입가심을 합니다. 공연장에 도착해서 음악회 팸플릿을 하나씩 챙깁니다. 매표소에서 티켓을 받고 프로그램이 적힌 책자를 사 들고 공연장으로 들어갑니다. 연주자들 보면대 위에 악보가 놓여 있네요. 공연이 끝나고 어두운 밤거리를 걷는데 길가에 각종 전단지가 어지러이 널브러져 있습니다.

아침부터 저녁까지 종이가 없는 생활을 상상할 수 있나요? 대체 이 많은 종이가 어디서 나오는지 생각해 본 적은 있나요?

우리는 종이를 보며 숲을 떠올리지 못합니다. 몇백 년 전 씨앗 한 알에서 시작된 원시림 어딘가에서 몇 뼘의 작은 땅을 차지하고 자라던 나무였다는 사실을 알 수가 없습니다.

나무는 어떻게 종이가 될까요? 숲에서 벤 나무를 제지공장으로 운반해서 잘게 자릅니다. 나무의 딱딱한 성분인 리그닌을 제거한 뒤 목재섬유소를 부드럽게 만듭니다. 하얀 종이를 얻기 위해 여러 화학약품으로 표백하면 고급 펄프를 얻게 되지요. 이 펄프를 물에 희석시켜 망에 흩뿌리고 물기를 말리면 마침내 종이가 탄생합니다. 오늘날 포장지나 휴지, 냅킨 등에 쓰이는 종이의 질은 대단히 좋습니다.

세상은 보이지 않는 끈으로 연결되어 있다

특히 부드러우면서도 질기고 새하얗지요. 질이 좋은 종이는 몇백 년의 역사를 간직한 원시림의 오래된 나무로 만든다고 합니다.

인류는 종이가 발명되기 훨씬 이전부터 어딘가에 기록을 남기고 싶어 했습니다. 처음에는 돌이나 점토판 등 주변의 사물에 직접 기록을 남겼습니다. 이후에 고대 이집트인들은 파피루스라는 풀의 줄기를 얇게 갈라 서로 겹쳐 말려서 부드러운 종이처럼 만들어 그 위에 기록을 남겼지요. 무언가를 기록하려는 인간의 욕망은 더 나은 것을 찾기 시작했습니다. 파피루스 이후에는 양이나 염소 같은 동물 가죽을 부드럽게 해서 만든 양피지가 등장했지요.

그렇다면 종이는 언제 만들어졌을까요? 의견이 분분한 가운데 중국의 채륜이 최초로 종이를 만들었다는 설이 유력합니다. 그는 꾸지나무 껍질을 짓이겨 물에 희석시킨 뒤 말려 한지의 역사를 열었는데, 꾸지나무뿐 아니라 리넨의 재료인 아마와 대마 등의 식물로도 종이 만드는 법을 전했다고 합니다. 그때만 해도 종이는 손으로 직접 만들어졌습니다. 그 이후 쓰다 버리는 넝마를 원료로 종이를 만들었지요. 나무줄기로 종이를 만들기 시작한 것은 150년 정도 되었고, 그 뒤로 모든 것이 달라졌습니다. 수공업이던 제지기술이 산업혁명으로 기계화되면서 종이를 만드는 속도가 빨라지고 생산량이 놀라운 속도로 늘어난 거예요. 생산량이 늘어나니 행주 대신 종이타

월이, 손수건 대신 휴지를 사용하는 문화로 바뀌면서 생활재의 많은 부분이 종이로 대체되기 시작했습니다. 현재 산업분야에서 사용되는 나무의 42퍼센트가 종이 원료인 펄프로 쓰인다고 합니다. 그리고 그 펄프의 원료인 나무는 숲에서 가져옵니다.

제지회사에서는 종이를 만들기 위해 벌목한 그 자리에 대개 펄프의 원료가 될 나무를 심는다고 해요. 하지만 숲이 뭉텅뭉텅 잘려 나간 자리에 새로 나무를 심는 데에는 문제가 있습니다. 펄프로 쓰기에 좋은 수종을 골라 심다 보니 자연스레 형성된 숲이 아니라 일종의 '나무 농장'이 되어 버리지요. 한 종류의 나무만 자라다 보니 병충해가 돌면 그 숲은 순식간에 사라집니다. 물론 병충해가 생기지 않도록 각종 화학물질을 살포합니다. 그러니 그곳에는 다른 생물이 함께 살 수가 없어요. 숲은 다양한 생물이 모여 살면서 서로에게 도움을 주고받으며 상생하는 공간입니다. 그러니 나무만을 위한 '나무 농장'은 숲이라고 할 수가 없는 거지요. 뿐만 아니라 제지회사는 유전자 조작으로 제초제에 영향을 받지 않는 나무, 생장 속도가 빠른 나무, 리그닌 함량이 낮은 나무(리그닌을 제거하는 공정에 많은 비용이 들어가므로)를 만들기에 이르렀습니다. 일명 '프랑켄트리Frankentree'라 불리는 이 나무는 그 자체로도 문제지만, 자연 상태에서 숲으로 퍼져 나갈 경우 지역 생태계를 교란하는 등 어떤 심각한 문제가 발생

세상은 보이지 않는 끈으로 연결되어 있다

할지 알 수 없습니다.

어떻게 하면 종이로 사라지는 숲을 최대한 막을 수 있을까요? 먼저 재생종이를 사용하는 것입니다. 이미 만들어진 종이를 재생해서 쓸 때는 또다시 숲을 없애거나 펄프를 만드는 과정에 들어가는 많은 화학약품이 필요 없습니다. 과거에는 재생종이의 질이 칙칙하고 거칠었지만, 요즘은 새 종이와 구분하기 어려울 만큼 좋아졌습니다. 중요한 건 소비자의 태도이지요. 제지회사에 재생종이를 사용하라고 요구해야 하고, 종이가 제대로 재활용될 수 있도록 분리하여 배출해야 합니다. 휴지 대신 손수건을, 종이타월 대신 행주를 사용하고, 한 번 사용하고 버리기보다 여러 방법으로 다시 사용하는 생활 습관도 숲을 보전할 수 있는 좋은 방법이 될 수 있습니다.

직접 도끼로 나무를 베지 않아도 무심코 휴지 한 장을 톡 하고 뽑는 순간, 우리는 도끼를 든 나무꾼이 될 수 있습니다. 이는 숲만 없애는 것이 아니라 숲에 살고 있는 뭇 생명 또한 함께 사라지도록 만드는 일일지도 모릅니다.

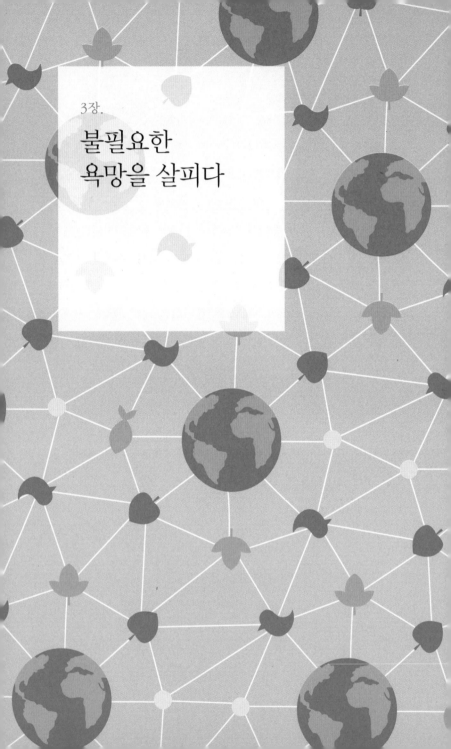

3장.

불필요한
욕망을 살피다

빈 그릇, 나와 세상을
지키는 아름다운 몸짓

길었던 추석연휴가 끝나고 나니 늘어난 몸무게를 고민하는 이들
이 주변에 많습니다. 다이어트를 하네, 운동을 하네, 단식을 하네
하며 너나없이 마른 몸을 유지하려고 애씁니다. 우리가 언제부터
이렇게 많이 먹어 살이 찌는 걸 고민하게 되었을까요. 불과 몇십
년 전만 해도 우리 부모세대가 해마다 힘들게 지나왔던 보릿고개
는 옛이야기가 되었습니다. 하지만 지금 이 순간에도 우리와 가까
운 북녘땅에서, 멀리 아프리카에 이르기까지 기아에 허덕이는 사
람들은 많습니다. 유엔식량농업기구에 따르면, 세계 기아인구는
1990년에 8억 2천2백만 명, 1999년에 8억 2천8백만 명, 2005년

에 8억 5천만 명, 그리고 최근에는 8억 7천만 명에 이른다고 합니다. 보릿고개와는 차원이 다른 굶주림에 처한 이들의 숫자입니다.

믿기지 않지만 굶주림에 허덕이는 인류는 꾸준히 증가하고 있습니다. 음식점에만 가도 남겨서 버려지는 음식이 넘치는데, 왜 이토록 많은 이들은 여전히 굶주림에서 벗어나지 못하는 걸까요?

1970년 칠레에서는 높은 유아사망률과 어린이 영양실조가 심각한 사회문제였습니다. 참고로 이 당시는 칠레가 우리나라보다 더 잘살던 때였습니다. 당시 정치가였던 살바도르 아옌데는 15세 이하의 모든 어린이들에게 하루 0.5리터의 분유를 무상으로 제공한다는 공약을 내걸었고, 대통령에 당선되었습니다. 그런데 이 무상 제공을 가장 불편하게 생각한 당사자는 바로 스위스 다국적기업인 네슬레였습니다. 이 기업의 주요 거래품목이 커피와 우유였는데, 칠레 정부가 무상으로 공급하기 시작하면 다른 주변 중남미 국가에도 영향을 끼칠게 뻔했고, 그건 기업 입장에서 상당한 부담이었습니다. 아옌데 정부는 분유의 무상 제공을 위해 네슬레로부터 우유를 구매하려 했지만 거부당했지요. 미국 정부와 네슬레를 축으로 하는 다국적기업에 의해 아옌데 정부는 고립되었고, 결국 CIA와 결탁한 칠레 군인들이 대통령궁을 습격하여 아옌데는 사살당했습니다. 그리고 칠레 어린이들은 또다시 굶주림과 영양실조에 내몰리게 되었지요.

세상은 보이지 않는 끈으로 연결되어 있다

아옌데의 죽음은 정치와 탐욕스런 자본이 만나 빚어낸 참극이었고, 세계 곳곳에서 여전히 굶주림이 지속된다는 데서 그 참극은 현재진행형입니다.

아옌데의 비극은 모습을 바꾸어 다른 곳에서도 이어졌습니다. 서아프리카 사하라 남단에 위치한 작은 국가 부르키나파소에서는 토마스 상카라가 대통령에 당선되었지요. 자국의 기아 문제를 해결할 방법을 고민하던 상카라는 인두세 폐지, 개간이 가능한 토지의 국유화 등의 개혁정책을 통해 4년 만에 식량을 자급자족하게 되었습니다. 이런 변화가 근처 아프리카 국가로 퍼져 나갈 것을 염려한 세력들에 의해 상카라는 서른여덟 번째 생일을 앞두고 살해되었습니다. 아프리카가 정말 그들의 생산물로 기아 문제를 해소할 수 있을지, 아니면 여전히 극심한 기아 속에서 원조로 삶을 이어갈 것인지의 기로에 서 있던 바로 그 무렵이었습니다. 그 기로에서 후자로 들어설 수밖에 없는 것이 아프리카 많은 국가들의 운명인 걸까요? 신자유주의를 표방한 기득권 국가와 기업들이 한데 얽혀 만들어 낸 탐욕, 아프리카 현지에서 정권을 잡으려는 세력들의 탐욕, 그리고 국제협력단체들의 공적 쌓기에 급급해 대책 없이 이루어지는 지원사업이 아프리카가 기아의 늪에서 벗어나기 어렵게 한다는 지적도 있습니다.

열대우림을 없애고 그곳에 심어진 엄청난 양의 옥수수, 콩 등의 작물은 사람을 배불리는 데 쓰이는 것이 아니라 고깃덩이를 늘리기 위해 가축에게 먹일 사료로 쓰이고 있습니다. 수많은 인류의 굶주림부터 해결하는 것이 인도적일 것 같은데도 가축의 입으로 들어갈 수밖에 없는 배경에는 육식이라는 식습관이 자리하고 있지요. 기아의 진실은 들여다볼수록 기이합니다. 정치와 경제의 유착관계나 구조적인 부조리 때문에 굶주림의 고리는 끊어지기가 어렵습니다. 그런데 더욱 아이러니한 것은 이렇듯 심각한 상황에 처한 기아 문제와는 극명하게 대조되는 상황이 지구의 또 다른 쪽에서 벌어지고 있다는 것입니다.

현재 지구 상에는 매년 생산되는 식량의 3분의 1이 생산되고 유통되는 과정에서 소비되지 않고 버려집니다. 5초마다 어린이 한 명이 굶어 죽어 가는 현실과 한쪽에선 소비되지도 않은 채 먹을 것이 버려지는 이 불공평을 우리는 어떻게 이해해야 할까요?

음식물 쓰레기에는 여러 문제가 있습니다. 비단 누군가는 굶어 죽는 현실에서 어디인가에서 식량이 헛되게 버려진다는 윤리적인 문제만이 아닙니다. 농사를 짓느라 쓰인 에너지도 함께 버려지는 에너지낭비 문제와도 연결되어 있습니다. 그뿐 아니라 음식물 쓰레기는 소각이 불가능합니다. 땅에 묻어 버려야 하는데, 음식물에 들어

세상은 보이지 않는 끈으로 연결되어 있다

있는 염분과 음식물이 썩으면서 생기는 침출수는 땅과 지하수를 오염시킵니다.

음식물 쓰레기는 해마다 증가하고 있습니다. 음식물 쓰레기를 처리하는 비용만 연간 1조 원가량이 듭니다. 버려지는 음식물 쓰레기를 식량자원의 가치로 환산하면 20조 원 이상의 경제 손실이 발생할 거라는 통계도 있습니다. 음식물 쓰레기를 20퍼센트 줄이면 연간 2천억 원의 처리 비용이 줄고, 자원 절약으로도 4조 원가량의 경제 이익이 발생한다고 하네요.

몸을 지탱하고 활동하기 위해 쓰여야 할 음식물이 남아서 버려지고, 또 버려진 것을 처리하느라 매년 천문학적인 돈을 쓴다니 말문이 막힙니다. 무언가 잘못되어도 한참 잘못된 것이 아닐까요? 2015년 6월부터 음식물 쓰레기를 버린 양만큼 부담금을 내는 음식물 쓰레기 종량제가 실시되고 있습니다. 그렇지만 외부에서 강제한 제도보다 더 우선되어야 할 것은 음식을 대하는 태도가 아닐까 하고 생각합니다.

불교의 오랜 전통 가운데 발우공양이라는 식사법이 있습니다. 음식을 남김없이 먹고 빈 그릇에 붙은 찌꺼기까지 깨끗하게 물로 헹구어 먹는 것입니다. 발우공양은 음식으로 배를 채우는 것보다는 정신과 마음을 채우는 스님들의 수행 가운데 하나입니다. 햇볕과 물과 바람 그리고 농부의 정성으로 길러 온 것들이 우리 몸을 지탱한다는 것을 생각하며 밥상 앞에 앉는다면 그 자체가 경건할 수밖에 없을 것입니다.

2050년에는 세계 인구가 90억이 된다고 예측합니다. 인구는 기하급수적으로 늘고 있지만, 기후변화로 인해 식량 생산은 점점 불투명해지고 있습니다. 식사할 때마다 음식이 내 앞에 오기까지 온갖 노고가 깃든 것에 감사한 마음을 갖는다면 음식을 함부로 버리는 일이 줄어들지 않을까요? 지구 저편에 먹을 것이 없어 갈비뼈가 앙상해진 채 죽어 가는 아이들이 많다는 걸 생각한다면 지금 내가 먹으려는 음식의 양이 적절한지 한 번 더 생각해 봐야 하지 않을까요? 소박한 밥상을 차려 남김없이 비우는 일은 탐욕에 물들지 않도록 나를 지키는 일이고, 세상을 지키는 일일 것입니다.

세상은 보이지 않는 끈으로 연결되어 있다

욕망을 버리는 일,
생명을 살리는 일

갖고 싶고, 먹고 싶고, 편해지고 싶고, 풍족해지고 싶고, 누리고 싶은 게 세상엔 너무나 많습니다. 텔레비전을 켜면 눈이 휘둥그레지는 멋진 물건들에 마음을 빼앗기기 일쑤입니다. 날마다 우리는 그렇게 욕망합니다. 욕망은 아무리 채워도 충족될 수 없는 허망한 것이라는 것을 우리는 아주 특별한 순간을 제외하고는 미처 깨닫지 못하고 삽니다.

가끔 이런 상상을 해봅니다. 만약 모든 사람들의 욕망이 다 이루어진다면 세상은 어떻게 될까? 모든 이들의 욕망이 이루어졌으니 그곳이야말로 유토피아가 아닐까 싶지만, 결코 그렇게 되진 않을 듯

합니다. 모든 이들의 욕망이 한꺼번에 이루어진다는 것 자체가 불가능하지 않을까요? 내가 물건을 싸게 산 만큼 누군가는 손해를 볼 테고, 내가 많이 소유한 만큼 누군가는 덜 가질 수밖에 없고, 내가 풍족하게 쓴 만큼 누군가는 그 대가를 떠안을 것이기 때문입니다.

텔레비전에서 히말라야가 흘리는 눈물을 봤습니다. 북극과 남극에 이어 제3극이라 불리는 히말라야는 만년설을 머리에 이고 있지요. 만년설과 빙하가 녹은 물은 히말라야 산 중턱에 있는 작은 못을 채웁니다. 그 못은 점점 불어나서 멋진 풍경의 호수가 됩니다. 만년설 아래 에메랄드빛 호수는 얼마나 맑고 고요하던가요. 그런데 이 호수가 딱 그 상태로만 유지된다면 더할 수 없이 아름다운 풍경일 텐데, 호수는 계속 커집니다. 지구온난화로 만년설과 빙하가 빠른 속도로 녹기 때문이지요. 현지인의 표현을 빌자면 엄마가 아이를 갖고 배가 점점 불러 오다가 급기야 아이를 낳듯, 어느 날 호수는 예고 없이 터지고 맙니다. 그걸 일컬어 '빙하 쓰나미'라고 부릅니다. 현재 중국, 네팔, 파키스탄 등 히말라야 인접 국가에서는 60번도 넘는 빙하 쓰나미가 발생했습니다. 더욱 충격인 것은 이런 빙하 쓰나미가 될 호수가 적어도 2만 개 이상 있다는 것입니다. 평화로운 일상에 느닷없이 빙하 쓰나미가 닥치기라도 하면 이들은 그저 속수무책으로 피해를 당할 수밖에 없는 처지에 놓입니다.

히말라야의 만년설과 빙하는 세계 인구 40퍼센트가 모여 사는 히말라야 주변국들에게는 더할 수 없이 중요한 상수원입니다. 만년설과 빙하가 녹은 물은 서서히 흐르면서 농업용수와 식수로 쓰입니다. 히말라야 인근에서 살아가는 사람을 포함한 숱한 생명들에게는 말 그대로 젖줄인 셈이지요. 그런데 엄청나게 빠른 속도로 녹아내리는 물을 감당하지 못하는 호수가 순식간에 터져서 흘러가 버리면 이들은 어디서 물을 구할 수 있을까요? 히말라야를 끼고 사는 주변 국가들은 홍수와 가뭄을 번갈아 겪으며 고통 속에 살고 있습니다.

네팔에서 현재 가장 빠른 속도로 커지고 있는 호수는 해발 5천 미터에 위치한 임자호수입니다. 그 호수 아래에 사는 사람들은 너나없이 머리에 시한폭탄을 이고 사는 격입니다. 얼마나 불안할까요. 그렇지만 이들이 할 수 있는 것은 더 이상 히말라야 신이 노하지 않기를 기도하는 것뿐이랍니다. 히말라야 고산지대에 살고 있는 사람들은 척박하지만 자연에 순응하며 가난하게 사는 사람들입니다. 자연에 순응하며 사는 이들 앞에 왜 이토록 엄청난 재앙이 닥친 걸까요? 이 재앙은 그저 어쩔 수 없는 천재지변일까요? 이유는 간단합니다. 잘사는 나라 사람들이 풍족하게 펑펑 써댄 에너지가 만들어 낸 결과입니다. 세상엔 두 종류의 나라가 있다고 합니다. 억울한 나라와 억울하지 않은 나라. 아마도 히말라야 주변국들 가운데는 억울한 나라가 훨씬 많을 듯합니다.

얼마 전 몽골에서 나무 심는 일을 하는 엔지오 소속 청년을 만났습니다. 몽골에서 나무 심는 일을 하면서 가장 힘든 게 뭐냐고 물었더니 나무를 심기 위해 구덩이를 파는 일이라고 했습니다. 땅이 너무 메마르고 굳어 버려서 굴착기를 이용해서 30분 이상 파야 겨우 나무 하나 심을 구덩이를 판다는 것입니다. 몽골은 현재 전체 국토의 90퍼센트가 사막화의 영향을 받고 있습니다. 1,166개의 호수와 887개의 강은 거친 속살을 드러내며 바싹 말랐습니다. 넓고 깊었던 호수가 말라 가면서 싱싱한 풀을 찾기가 힘들어지자 유목생활을 하는 이들에게도 위기가 닥쳤지요. 설상가상으로 혹한이 닥치면서 많은 가축들이 죽었고, 엄청난 모래바람은 모든 것을 다 뒤덮었습니다. 터전을 잃은 유목민들은 삶터를 버리고 도시로 나가 사막 난민이 되었지요. 몽골의 수도 울란바토르는 인구 50만으로 계획된 도시였지만 몰려드는 사막 난민으로 인구가 130만 명으로 늘었습니다. 지금 울란바토르는 교통난, 대기오염, 식수난까지 겹치며 이전에 없던 새로운 도시문제에 맞닥뜨리고 있습니다.

사막화는 왜 일어나는 걸까요? 지구온난화는 홍수, 가뭄, 폭염, 열파 그리고 사막화와 같은 기후변화를 불러일으킵니다. 지구의 어느 곳에서는 홍수와 가뭄이 반복되며 몸살을 앓습니다. 이런 기후 변화는 곧바로 식량문제와 연결이 되지요. 농사짓는 데 가장 필요한 것이 알맞은 비와 햇볕과 바람입니다. 물론 사람의 정성도 필요하지만 이 세 가지는 사람이 어떻게 할 수 없는 것들이지요. 바로 인간의 이기심과 탐욕이 인간이 어쩔 수 없는 것들까지 영향을 미치는 것입니다. 지구를 뜨겁게 달구는 일이 그것이지요. 이 때문에 지구는 점점 인간이 살기 힘든 곳으로 바뀌고 있습니다. 기후마저 바꾸는 인간의 초능력이라고 해야 할까요?

빙하 쓰나미나 몽골의 사막화는 이산화탄소를 지나치게 많이 배출하는 데서 시작됩니다. 우리나라의 이산화탄소 배출량은 세계 7위입니다. 이산화탄소 배출량이 많다는 것은 에너지를 그만큼 많이 쓴다는 뜻입니다. 에너지를 얼마나 많이 쓰는지는 예전에 비해 오늘날 가전제품이 더욱 커졌다는 것으로도 단박에 알 수 있습니다. 가스 불로 밥을 짓던 솥은 전기밥솥에 자리를 내주었습니다. 20년 전에는 드물던 정수기가 이제 웬만한 가정에 하나씩 자리를 차지하고 있습니다. 하루 평균 열 번도 채 사용하지 않는 정수기는 하루 종일 물을 뜨겁게 끓이고 차갑게 식히느라 전기를 소비합니다. 아무도 이용하지 않는 밤에도 정수기는 계속 돌아갑니다. 쓰지 않는 시간만이라도 정수기 전원을 꺼둔다면 고리원전 1호기에서 생산하는 전기의

60퍼센트를 줄일 수 있습니다.

　억울한 국가에 사는 많은 이들의 고통은 그들만의 피해로 그치지 않을 것입니다. 기후변화로 인한 피해는 결국 지구에 사는 모든 이들에게 영향을 끼칩니다. 더 많이 갖고 싶고, 누리고 싶고, 풍족하고 싶은 욕망을 멈추고 나면 세상은 새롭게 열릴 것입니다. 에른스트 슈마허는 《작은 것이 아름답다》라는 책에서 인간이 욕망을 제어하지 않고서는 더 이상 인류가 생존할 수 없다고 했습니다. 40년 전 슈마허의 말을 오늘 여기에 새롭게 불러내야 할 것 같습니다.

버려야 할 것은
쓰레기만이 아니다

언젠가 인터넷에 올라온 사진 한 장이 내게 여러 생각거리를 던져 주었습니다. 연휴가 끝난 다음 날 어느 도시공원의 풍경을 찍은 사진이었는데, 쓰레기로 발 디딜 틈 없는 그곳을 망연자실하게 바라보며 서 있는 환경미화원의 뒷모습이 충격적이었습니다. 쓰레기 양에 놀라기도 했지만, 사진을 들여다보고 있자니 그 풍경은 마치 그곳에서 놀던 사람들이 일제히 자리를 잠깐 뜬 게 아닌가 싶었거든요. 앉던 깔개조차 그대로 있었기 때문입니다.

그곳은 사람들이 쓰레기를 버리는 행태가 몇 년째 되풀이된다고 합니다. 왜 사람들은 그토록 많은 쓰레기를 내버려 둔 채 돌아갔을까요? 돗자리마저 일회용일 만큼 물건이 너무도 싸고 흔해진 때문은 아닐까요? 거기에다가 편하고자 하는 마음도 한몫했을 것입니다. 가져온 것들을 되가져 가는 게 번거롭다고 생각했겠지요. 특히 깔개는 부피도 큰 데다 깨끗이 씻어 말려야 하기에 사용하고 난 뒤에 정리할 때는 애물단지가 되기 마련이지요. 이런 생각에 용기(?)를 얻은 것은 주위 사람들 때문일 수도 있습니다. 한두 무리의 사람들이 주섬주섬 자리를 뜨면서 먹고 마시며 남긴 쓰레기를 고스란히 두고 떠났을 테고, 이런 모습이 주변 사람들에게도 퍼졌을지 모릅니다.

그 자리에서 먹고 마시던 사람들은 어떤 마음으로 그곳을 찾았을까요? 힘들고 지친 마음을 바닷바람에 날려 보내며 내일의 행복을 얘기했을 테지요. 무거운 마음을 안고 찾아와 가벼운 마음으로 떠나는 것까지는 좋지만, 정작 그들은 가장 중요한 양심은 놓고 간 것입니다.

하나둘 두고 간 양심의 무게가 차곡차곡 쌓여 많은 존재가 힘들어 한다는 사실을 그들은 알까요? 쓰레기를 치우느라 고생하는 환경미화원부터 값싼 물건을 만드느라 중노동에 시달리면서도 겨우 입에 풀칠하며 사는 타국의 노동자들, 바다로 떠내려간 쓰레기 때문에 고통 받는 해양생물에 이르기까지. 무엇보다 중요한 것은 우리가 지구에서 꺼내 쓸 수 있는 자원이 유한하다는 데 있습니다.

세상은 보이지 않는 끈으로 연결되어 있다

남태평양에는 세계에서 가장 작은 독립공화국인 나우루공화국이 있습니다. 나우루공화국은 인광석이라는 희귀한 자원 때문에 하루아침에 '보물섬'으로 불린 적이 있습니다. 나라 전체를 덮고 있던 인광석이 유럽에서 최고급 비료로 석유보다 비싸게 팔리면서 세상에서 가장 부유한 국가가 되었지요. 자동차로 30분이면 나라 전체를 돌 정도로 작은 섬나라에 최고급 자동차가 즐비했습니다. 그야말로 흥청망청 썼지요. 그러다가 수출하던 인광석이 고갈되면서 나우루공화국은 현재 최빈국이 됐습니다. 지금 우리의 삶이 나우루공화국의 운명과 다르게 느껴지지 않습니다.

물건을 언제까지 만들 수 있을까요? 지구는 우리들이 버린 쓰레기를 언제까지 받아 줄까요? 가난한 나라는 선진국의 쓰레기장이, 힘없는 지역은 대도시의 쓰레기장이 되어 가고 있습니다. 태평양, 대서양 할 것 없이 바다는 해양 쓰레기로 몸살을 앓고 있습니다. 해양 쓰레기의 80퍼센트 이상을 플라스틱이 차지하고 있으며, 이러한 플라스틱은 해양생물의 몸으로 들어가 목숨을 앗아갑니다.

쓰고 잘 버리기만 하면 문제가 사라질까요? 우리가 버린 쓰레기는 지구 어딘가에 계속 머무를 것입니다. 그마저도 자연분해가 가능한 것은 시간이 해결하겠지만, 플라스틱처럼 분해가 안 되거나 매우 오랜 시간에 걸쳐 서서히 분해되는 것들은 어떻게 해야 할까요? 결국 우리가 버린 것들은 우리에게 되돌아옵니다. 여러 환경 재앙으로 말이지요.

인류가 맞이한 다양한 환경문제의 원인에 대한 진단은 여러 가지일 수 있습니다. 그 가운데에는 내 것이라고 고집하는 데서 출발한 문제도 적지 않다고 생각합니다. 욕망의 출발인 마음을 세밀하게 살피며 깨어 있는 삶을 살 때 환경과 생태 문제가 비로소 눈에 들어올 것 같습니다. 이는 내가 쓰는 물건이 어디에서 왔고 어디로 갈 것인지에 대해 통찰하는 것에서 시작된다고 생각합니다. 사실 우리가 버려야 할 것은 쓰레기가 아니라 게으른 습관이자 안일한 마음일 수 있으니까요.

세상은 보이지 않는 끈으로 연결되어 있다

석유를 먹고
살아가는 문명

두툼한 털코트를 껴입은 목련 꽃봉오리의 포(苞)에서 딸깍 하는 소리
가 들리는 듯하네요. 따스한 볕에 포를 한 겹씩 벗고 있는 봄날입니
다. 목련꽃은 아직 이르지만 꽃봉오리를 싸고 있는 포가 떨어진 바
닥에서 뽀얀 우윳빛 꽃을 봅니다. 그러고 보니 엊그제가 춘분이었습
니다. 긴긴 겨울밤이 끝나고 환한 낮이 점차 자라나는 시간입니다.
남녘에서 시작된 노란 복수초, 흰 너도바람꽃, 보랏빛 제비꽃 소식
이 알록달록 봄을 품고 올라옵니다. 도시의 보도블록 사이에는 하나
둘 별이 내려와 별꽃이 되었네요. 곧 지천으로 꽃 잔치할 날도 멀지
않았다고 생각하니 봄은 봄입니다. 겨울의 지난한 추위에도 꿋꿋하

게 견딜 수 있던 건 겨울 끝에 봄이 기다리고 있다는 걸 알기 때문일까요. 미래를 품고 사는 것만큼 힘이 되는 일이 또 있을까요.

어릴 적 기억에 뭔가를 기다리는 일은 달력이 닳아 없어질 만큼 바라보며 지낸 시간인 것 같아요. 생일이나 소풍, 수학여행, 방학 같은 중요한 날은 빨간 색연필로 날짜에 동그라미를 그려 넣고는 그날이 오기를 손꼽아 기다렸지요. 요즘 말로 카운트다운에 들어가는데 점점 그날에 가까워질라치면 며칠 전부터 어찌나 엉덩이가 들썩거리고 가슴이 발랑거리던지 말이지요. 두근거리던 기대와 달리 막상 당일 상황이 기대에 못 미쳐 실망할 때도 숱했지만, 돌아보면 기다림은 언제나 아름다운 기억으로 남아 있습니다.

달력에 적힌 수많은 날들 가운데는 설레는 기억과 달리 엄숙한 날도 꽤 많습니다. 춘분 이틀 뒤인 3월 22일은 '세계 물의 날'입니다. 전 지구적으로 물이 부족해지고 오염이 심각해지자 물에 대한 경각심을 일깨우자는 취지로 유엔이 정한 날이지요. 하지만 아이러니하게도 지표면의 70퍼센트가 물입니다. 이렇게 물이 많은데 왜 물이 부족할까 궁금하지 않나요? 실제로 지표면에 있는 물 가운데 97퍼센트를 차지하는 건 바닷물이고, 나머지 물도 빙하와 같은 얼음이 대부분이라 실제로 우리가 사용할 수 있는 물은 1퍼센트도 채

세상은 보이지 않는 끈으로 연결되어 있다

안 된다고 합니다. 그 많은 물 가운데 1퍼센트도 안 되는 물을 70억이 넘는 인구가 써야 하는데, 우리는 물을 물 쓰듯 낭비하고 있는 셈이지요.

물을 절약하려고 양치컵을 사용하고, 작은 바가지를 세면대에 두고 물을 받아 세수를 하기도 합니다. 욕실에 통을 두어 빨래나 얼굴을 헹구고 난 맑은 물은 모아뒀다가 변기물이나 걸레를 빠는 물로 재활용하기도 하지요. 이렇게 절약한다고 해도 하루에 물을 쓰는 양은 대단히 많습니다. 위생을 생각하자니 화장실을 들락거릴 때마다 손을 씻어야 하고, 공동화장실은 한 번만 사용해도 물을 내려야 합니다. 게다가 무더운 여름에는 하루에도 몇 번씩 샤워를 하는 경우가 허다합니다.

그런데 물을 아껴 써야 하는 까닭은 단지 물 부족 때문이라기보다는 물이 곧 에너지이기 때문입니다. 자연스레 땅으로 스며든 물이 여러 지층을 거치면서 걸러져 깨끗한 물이 되는 과정에는 별다른 에너지가 들지 않습니다. 물을 길어 올리기 위해 두레박을 들어 올리거나 펌프질 정도면 충분했지요. 그런데 강물을 정수하고 처리하는 과정에는 상당한 에너지가 들어갑니다. 물을 취수하고, 정수하고, 배분하는 단계에는 인프라가 필요하지요. 구축된 인프라를 바탕으로 물이 새롭게 탄생하는 과정에서 물과 에너지는 밀접하게 연관되어 있습니다. 물 오염이 가속화될수록 정수하는 과정에 훨씬 더 많은 공정과 그에 따른 에너지가 필요하게 됩니다. 도시에서 소비되는 전력 가운데 많게는 17퍼센트 정도가 물을 운반하고 처리하는 데 쓰인다고 합니다. 사정이 이러하니 에너지가 없다면 우리는 어떻게 물을 얻을 수 있을까요?

어릴 적에 체육시간이 끝나자마자 수돗가로 달려가 수도꼭지에 입을 대고 물을 마시던 기억은 이제 옛 풍경이 되었습니다. 그때는 물을 사 먹는 것이 다른 나라에서나 벌어지는 생경한 일쯤으로 여겼는데, 이미 우리도 오래전부터 일상화되었습니다. 수돗물에 대한 신뢰도가 낮아진 탓이겠지요. 더욱 이해할 수 없는 것은 물을 취수하고 정수하는 일에만 에너지가 필요한 게 아니라, 물을 담는 생수병을 만드는 일에도 만만찮은 에너지가 소비된다는 거예요. 흔히 페트병이라고 부르는 PET 용기는 플라스틱의 하나로 석유를 가지고 만듭니다. 500밀리리터 페트병 하나를 만드는 데 125밀리리터의 석유가 쓰인다고 합니다.

우리 삶에서 에너지를 빼고 무엇을 이야기할 수 있을까요? 공기를 들이마시는 데도 에너지가 필요하고 체온을 유지하는 데도 에너지가 필요합니다. 우리 몸에 들어가는 에너지는 어디서 나오는 걸까

세상은 보이지 않는 끈으로 연결되어 있다

요? 저는 당당히 석유라고 말할 수 있습니다. 태양이 우리 에너지의 근원이어야 할 텐데, 어찌 석유가 에너지의 근원이 되었을까요?

농사일에 석유가 없다면 트랙터를 움직일 수 있을까요? 한겨울 비닐하우스 안은 석유나 전기로 온도를 높이고 있어 한여름처럼 따뜻합니다. 제철이라면 햇볕으로 충분했을 농사가 이미 석유 의존이 높은 농사로 바뀐 거예요. 그렇기에 하우스 딸기를 먹는 일은 곧 석유를 소비하는 일과 다르지 않습니다. 문제는 생활 어디에서건 불가분의 관계에 있는 석유의 생산량이 이미 정점을 찍고 하향 곡선을 그리고 있다는 점이에요. 언제까지고 쓸 수 있는 에너지원이 아니라는 말입니다.

매년 3월 셋째 주 토요일은 '지구촌 전등 끄기 날'입니다. 뉴질랜드에서 시작해 서울을 거쳐 서쪽으로 지구를 한 바퀴 돌면서 전 세계가 파도타기 하듯 한 시간 동안 소등하며 기후변화에 대응하자는 메시지를 전달하는 행사입니다. 겨우 한 시간 동안 전등을 끈다고 얼마나 전기가 절약될까 싶지만 2014년에 서울시가 이 행사로 절약한 에너지는 약 23억 원어치였습니다. 절약한 금액도 상당하지만, 그보다 소중한 것은 자연의 질서를 뒤틀어 놓은 문명에 대해 성찰해 본다는 것입니다. 이미 우리의 모든 생활은 화석에너지와 긴밀히 연결되어 있습니다. 문명의 대전환이 이루어지지 않고서는 온전한 미래를 기대하기란 불가능하다는 데 달리 이견이 없습니다. 대대손손 나누어 써야 할 한정된 자원을 당대에, 그것도 깡그리 써 버리는 이기심은 탐욕의 시작이자 끝입니다. 오늘날 우리의 생활습관으로 인해 지구 곳곳이 몸살을 앓고 있는 책임은 나로부터 시작되어 결국 나에게 돌아온다는 사실을 깨달아야 할 것입니다. 사용하지 않는 가전제품의 플러그만 뽑아도 약 10퍼센트의 전기를 아낄 수 있습니다.

해마다 홍수는 빈번해지고 태풍은 점점 더 강력하게 자주 발생하고 있습니다. 여름은 더 더워지고 겨울은 더 추워지고 있습니다. 이 모든 기후변화는 우리가 편리와 욕망을 앞세워 마구 써 버린 에너지의 다른 모습입니다. 지난겨울도 무척 추웠습니다. 그래서 해마다 맞이하는 봄은 조마조마하게 반갑습니다. 볕이 드는 둔덕에서 노란 양지꽃을 발견하며 느긋하게 계절을 맞이하려면, 그리고 우리 아이들이 철마다 계절의 변화를 근심 없이 맞이하려면 편안함을 즐거운 불편함으로 바꿀 용기가 필요하지 않을까요?

세상은 보이지 않는 끈으로 연결되어 있다

별 볼 일 있는
도시는 가능할까

자연 가까이 살면서 누리는 혜택은 손으로 꼽기 어려울 만큼 많습니다. 그 가운데 차 소리 대신 새소리를 들을 수 있다는 것이 가장 큰 혜택이라 생각합니다. 다양한 새들이 깨어 있는 낮 시간뿐만 아니라 밤에도 소쩍새, 검은등뻐꾸기, 그 밖에도 이름 모를 산새들의 소리가 나지막하게 들립니다. 아침이면 눈보다 먼저 귀가 뜨이고는 합니다. 재재거리는 새소리는 이른 아침 귓가를 부산스럽게 만들지만 그건 자동차가 내는 소음과는 차원이 다릅니다. 귀가 뜨이고 소리를 들으며 새들의 모습을 상상하다가 눈을 뜨게 됩니다. 좋은 기분으로 하루를 시작하게 되지요. 휴대전화로 알람을 맞춰 놓지만 번번이 새들의 알람 소리를 먼저 듣게 됩니다. 자연의 소리는 기계 소리보다 정서적으로도 결이 다릅니다. 휴대전화에서 들리는 알람은 마치 제게 '일어나야만 해' 하듯 의무감으로 하루를 시작하게 만들지만, 자연에서 들리는 새소리는 그 자체가 곧 생명입니다. 생명의 기운을 받으며 눈을 뜨는 거지요.

혜택 하나를 더 꼽자면, 달빛의 아름다움을 충분히 만끽한다는 것입니다. 옛 사람들이 왜 그토록 달을 노래했는지, 달빛이 얼마나 밝고 환한지 비로소 알게 되었거든요. 동산에 달이 환하게 떠오르면 저녁밥을 먹다가도 와 하는 탄성과 함께 식구들이 창가로 몰려가 달을 쳐다보고는 합니다. 집 앞에 숲이 펼쳐진 곳으로 오고 나니 그동안 밋밋하게 알고 지내던 모든 것들이 하나같이 새롭게 다가오네요.

왜 여태 이런 즐거움을 모르고 살았을까요. 줄곧 차와 빌딩으로 복닥거리던 곳에서 살았기 때문일 것입니다. 많진 않더라도 그곳에도 분명 새들은 있었겠지요. 그러나 그들의 지저귐은 차 소리에 묻혔을 거예요. 그렇다면 달이 밝고 환하게 보이지 않은 까닭은 뭘까요? 그건 주변이 지나치게 밝기 때문이지요. 주변 빌딩이며 가로등에서 내보내는 빛 말입니다. 이런 인공 불빛이 달빛과 별빛을 가리니 밤하늘을 올려다보는 일도 줄어들었어요.

경상도의 어느 지역에서는 밤하늘의 별을 보는 관광 상품을 홍

세상은 보이지 않는 끈으로 연결되어 있다

보하더군요. 그곳의 밤하늘에는 은하수가 흐르고 별똥별이 떨어지고 카시오페이아자리와 페르세우스자리가 눈앞에 펼쳐진다고 합니다. 이 때문에 그 지역은 국제밤하늘보호협회IDA로부터 아시아 최초로 '국제밤하늘보호공원'으로 지정되었습니다. 그 어느 때보다 전 지구적으로 캄캄한 밤이 귀해지고 반짝이는 별을 볼 기회가 줄어들다 보니 밤하늘을 보호하는 공원까지 지정하게 되었나 봅니다.

생각해 보면 밤이 언제나 이렇듯 밝기만 했던 것은 아닙니다. 불과 몇십 년 전만 해도 대도시 도심을 제외한 곳의 밤은 대체로 어둡고 두렵기까지 했었지요. 어쩌다 깜빡거리며 조는 가로등이 있다 해도 그 빛은 오늘날 가로등과 비교할 수 없을 만큼 침침했습니다. 아파트보다 단독주택이 많던 시절, 해가 완전히 넘어가고 어둑어둑해지던 때에 컴컴한 골목길을 걷노라면 뭔가 뒤에서 덮칠 것만 같은 기분에 괜히 가슴이 콩닥거리고 발걸음이 빨라졌던 기억이 떠오릅니다. 그런 골목길에 환한 가로등이 놓이면서 사람들은 비로소 안심하고 다닐 수 있게 되었지요.

어둠에서 벗어난 기쁨에 취한 탓이었을까요? 밝음이 가져올 명암을 다 알지 못한 탓일까요? 필요한 곳만 적절하게 밝아야 한다는 것을 미처 몰랐던 것 같습니다. 급기야 도시의 밝은 밤은 밤하늘의 별빛과 달빛을 삼켜 버렸습니다. 빛만 삼킨 게 아니라 우리들 몸과 생태계의 건강에까지 피해를 주고 있지요.

상가가 밀집해 있는 곳이면 어느 곳을 막론하고 쏟아져 나오는 빛으로 낮처럼 환한 밤이 됩니다. 우리나라에서 빛 공해가 가장 심한 곳이 강남역 부근인데 기준 휘도보다 무려 270배나 밝다고 하네요. 빛이 밝아서 생기는 여러 부작용 때문에 '빛 공해'라는 말까지 생길 정도니까요. 이제는 소리나 대기가 오염되는 공해에 이어 빛도 또 하나의 공해가 되어 버린 셈이지요.

사람들은 불필요하거나 필요 이상의 인공 빛이 인체와 환경에 나쁜 영향을 끼친다는 것을 자각하면서 빛 공해에 관심을 갖기 시작했습니다. 낮처럼 환한 밤은 생체리듬을 무시하여 수면유도 호르몬인 멜라토닌의 분비를 억제하게 만듭니다. 그러니 숙면을 취할 수 없어 건강에 위협을 받게 되지요. 불면증과 정서불안, 우울증과 같은 증상이 생기게 되고요. 한편 멜라토닌은 항암 효과가 있다고 해요. 그래서인지 밤낮 순환근무를 하는 이들에게서 암 발병률이 높다는 보고도 나오고 있습니다. 어쨌든 밤에는 충분히 수면을 취하는 게 순리라는 거지요.

가로등 불빛은 또 어떤가요? 아파트 단지 안에도, 도로에도, 마을 골목길에도 가로등 불빛은 환하게 밝습니다. 야간에 고속도로를 달리다 보면 저 멀리 도시가 있다는 걸 단박에 알 수 있습니다. 도시의 밤하늘이 유난히 밝게 보이거든요. 이를 '스카이 글로sky glow'라고

세상은 보이지 않는 끈으로 연결되어 있다

하는데 빛 공해의 한 유형입니다. 너무나 밝은 빛으로 철새는 이동 경로를 잃게 되고, 곤충이나 어류의 생식에 교란을 주는 등 생태계 피해도 속출하고 있습니다.

인간이 불을 발견한 이후로 새로운 문명을 창조하게 되었다는 것은 누구나 아는 사실입니다. 불을 발견하기 이전에는 자연에 순응하며 살았다면, 불을 발견한 뒤로는 자연을 이용하며 살게 됐지요. 인간이 자연을 적절하게 이용할 줄 알았다면 어땠을까 하는 질문은 하나마나한 우문일 것입니다. 적절하다는 말이 주관적이기도 하지만, 이미 지나간 것을 되돌려 가정한다는 것은 어불성설이니까요. 그러나 지나간 일은 어쩔 수 없다 해도 지금부터라도 빛 공해를 줄일 방법은 많습니다.

우리보다 일찍 산업화를 시작한 미국이나 영국, 일본 등은 1970년대부터 빛 공해로 인한 악영향을 줄이고자 인공 빛을 체계적으로 관리해 오고 있습니다. 더구나 2015년의 파리협약 이후 온실가스를 줄이려는 각국의 노력이 절실한 때에 빛 공해를 줄이는 일 역시 시대의 요청이라고 할 수 있습니다. 인공 빛이란 곧 에너지를 뜻하니까요. 밤에도 잠들지 못하는 도시를 잠재우는 일은 도시 전체가 건강해지는 일이기도 합니다. 세계 에너지의 70퍼센트를 소비하는 각국의 도시, 도시가 건강해진다면 지구 역시 건강해질 가능성이 높습니다. 모두가 다 연결되어 있으니까요.

　달빛이 휘영청 밝은 보름에는 전깃불을 끄고 달빛을 켜보는 거예요. 달빛이 생기를 얻는 도시라면 별 볼 일도 생기지 않을까요?

필요한 것과
갖고 싶은 것의 경계

얼마 전 페이스북 창업자인 마크 주커버그의 옷장이 사람들 입에 오르내렸습니다. 억만장자의 옷장이라고 하기에는 똑같은 회색 티셔츠와 모자가 달린 후드티 여러 벌이 전부였거든요. 이 반열에는 검은색 터틀넥과 청바지만을 고집하던 스티브 잡스, 브이넥 스웨터를 주로 입던 빌 게이츠도 들어갈 것 같습니다. 소위 내로라하는 갑부들의 패션이 너무도 심플하여 오히려 신선하게 느껴지는 걸지도 모릅니다. 주커버그는 매일 아침 무얼 입을까 하는 고민 하나를 줄일 수 있어 이처럼 똑같은 옷을 입는다고 합니다. 오직 일에 더 많은 시간을 집중하고 싶다는 것이지요. 그래서 그의 옷장은 같은 색과 디자인의 옷을 여러 벌 장만하는 호사 정도에 멈춰져 있더군요.

오래된 한옥을 둘러볼 기회가 있을 때면 언제나 방 크기에 신선한 충격을 받곤 합니다. 그저 두어 명이 누우면 꽉 찰 것만 같은 그 좁은 공간에서 어떻게 살았을까 생각하면 신기할 뿐입니다. 옛날 사람들은 방에 앉아만 있었나 싶을 만큼 천장은 또 얼마나 낮은지요. 작은 방에 기껏해야 반닫이 하나, 그리고 그 위에 이불을 올려놓고 시렁에 옷가지 몇 개가 방 안 세간의 전부인 듯했습니다. 옵션이 조금 더해지면 벽장이 있는 정도의 단출한 풍경이 놀라움을 더합니다. 이러한 놀라움은 물건의 홍수 속에 살고 있는 우리 삶을 비추는 거울이 됩니다.

1년 전쯤, 10년을 훌쩍 넘게 산 집을 정리하고 코앞에 산이 내다보이는 자연 가까이 이사를 하며 집 크기도 열 평 남짓 줄였습니다. 자연을 벗 삼아 단순하고 소박하게 살아 보자는 결심으로 말이지요. 문제는 집 크기가 줄어드니 짐도 자연스레 줄여야 했습니다. 10년여를 펼쳐만 놓고 살던 짐을 정리하자니 무엇부터 손대야 할지 암담했지요. 이삿짐 견적을 보러 온 이가 집 안 곳곳을 뒤덮은 책을 보더니 이것부터 줄이지 않으면 이사하기 어려울 거라고 하더군요. 그 말은 곧 책 짐을 거의 다 정리하라는 소리로 들렸습니다.

며칠 고민 끝에 나름대로 기준을 정했습니다. 간직할 책과 사람들과 나눌 책, 그리고 버려야 할 책으로 말이지요. 주말마다 식구들과 책을 분류하기 시작했습니다. 남들과 나눠도 좋을 책들은 모아서 '아름다운재단'에 보냈고, 버려야 할 책은 폐지를 수집하는 이에게 주었습니다. 주말마다 책을 분리하는 일에 지쳐서 나중에는 책을 들고 일일이 묻는 식구들에게 알아서 하라는 대답밖에 할 수 없는 지경에 이르렀어요. 그때 제 습관을 조금 객관적으로 보게 되었습니다. 아무리 책이라고는 하지만 정말 쉽게 그리고 너무 많이 가지려 했다는 것을 말입니다.

책 짐이 웬만큼 정리되자 이번엔 세 군데 창고와 옷장을 정리했습니다. 옷장에서는 몇 년이고 잊힌 채 걸려 있던 옷들이 엄청나게 쏟아져 나왔습니다. 쇼핑을 즐기는 편이 아닌데도 버리지 못하는 성격인 데다 어쩌다 한두 장씩 사들인 옷이 시간의 켜만큼 쌓였던 거지요. 꺼내 놓고 보니 겨울 외투가 몇 벌이며, 비슷한 종류의 옷들은 또 얼마나 많은지요.

창고를 정리할 때는 충격적인 일도 있었습니다. 창고 가운데 한 곳은 이사를 한 후로 한 번도 그 안을 들여다본 적이 없던 거예요. 십몇 년을 없이 살았으니 다 버려야 한다는 식구들의 압력에 굴복해 그 창고에 있던 물건들은 고스란히 쓰레기가 되었습니다. 아이스박스, 새싹을 키우는 키트, 팥빙수 만드는 기계 등이 있었는데, 그 물건들은 생활하는 데 굳이 필요치 않은 물건들이었습니다. 불필요한 물건을 쌓아 두고 사느라 넓은 공간이 필요했던 거지요. 그때 깨달은 것 중에 하나는, 늘 쓰는 몇 가지 물건 위주로 생활한다는 사실이었어요. 집에 있어야 할 물건은 집에서 하는 일과 연결된 것들이면 충분했습니다. 이러한 기준으로 물건의 효용성을 따진다면 의식주를 해결하는 정도의 간소한 물건으로도 충분하다는 거지요. 불필요한 물건을 이고 지고 살았다는 사실을 깨달았지요.

어쩌면 집은 사람이 사는 곳이라기보다는 물건이 차지하는 공간이 아닐까 하는 생각마저 들었습니다. 사물을 바르게 보지 못하고 거꾸로 보며 착각한다는 '전도몽상顚倒夢想'이란 바로 이런 경우를 두고 하는 말이 아닌가 싶습니다. 어느 방송 프로그램에서, 몽골 가족은 300개 정도의 물건을 소유하는 데 비해 일본 사람들은 6천여 개의 물건을 소유하고 있다고 합니다. 독일의 주간지 〈디 차이트 Die Zeit〉가 조사한 자료에 따르면, 6천여 개의 물건을 소유했던 70년대 독일인보다 약 1만 개의 물건을 소유한 2011년 독일인의 행복지수가 더 낮았다고 합니다. 여러분은 몇 개의 물건을 소유하고 있는지 알고 있나요?

최근 일본에서는 미니멀리스트가 되어 단순하게 사는 라이프스타일이 유행처럼 일고 있습니다. 《나는 단순하게 살기로 했다》를 쓴

사사키 후미오 집을 취재한 다큐를 보니 그의 집은 마치 작은 절집과도 같았습니다. 휑한 마룻바닥에는 최소한의 물건만이 집을 지키고 있었습니다. 집 안 전체에 이불 한 채와 신발 세 켤레, 그릇 서너 개도 놀라웠지만 보물 같은 물건 하나가 제 눈에 들어왔습니다. 밥상이었다가, 책을 보는 탁자였다가, 높은 곳에 있는 물건을 올리고 내릴 때 쓰는 디딤대가 되기도 하는, 한마디로 다용도로 쓰이는 상자가 그것이었습니다. 멀지 않은 과거에 마루방에서 밥상이었다가, 안방에서 콩을 고르는 탁자였다가, 작은 방에서 책상으로 무한 변신을 하던 두레반이 우리에게도 있었다는 걸 잊고 산 것 같습니다. 하나의 물건을 여러 용도로 사용하는 것이 보다 합리적이고 과학적으로 진화된 물건일지, 매 용도마다 따로 만들어 엄청난 공간을 차지하는 물건들이 진화된 것인지 새삼 묻고 싶어졌습니다.

법정 스님은 오래전《무소유》라는 책을 통해 인간의 소유욕과 그에 따른 집착이 왜 마음의 짐이 되는지에 대해 담담하게 말씀하셨습니다. 물건을 갖지 말자는 게 아니라 불필요한 물건에 집착하지 않는, 그러니까 제대로 된 '무소유'를 실천해 보는 건 어떨까요?

불필요한 욕망을 살피다

오렌지를
먹는 방법

주말 아침, 돋을볕이 동창으로 스며드는가 싶더니 어느 틈엔가 집
안 전체를 환한 빛으로 가득 채울 즈음에 식구들이 부스스 늦잠에서
깨어 식탁으로 모였습니다. 모처럼 식구들이 모두 모여 아침밥을 먹
는 날이었지요. 아이들이 커가면서 네 식구가 함께 모일 시간이 점
점 줄어들다가 급기야는 네 명이 모여 아침밥조차 함께 못 먹는 날
이 늘어 가던 중이었습니다. 물컵 좀 줄래?, 이것 좀 저기에 놓아 줘,
하는 말로 아침 인사를 대신하며 밥을 먹고 있었습니다. 그러다 느
닷없이 '띠링' 하는 소리가 들렸지요. 누군가의 휴대전화에 문자가
왔다는 신호였습니다. 휴대전화 주인은 금세 방으로 달려가서 확인

세상은 보이지 않는 끈으로 연결되어 있다

을 하고 나왔어요. 이번에는 전화가 걸려 왔습니다. 또 다른 식구가 전화를 받으러 가서는 국이 다 식도록 통화를 하고 돌아왔어요. 만약 제게 문자나 전화가 왔더라도 별반 다르지 않았을 거예요. 집에서는 말할 것도 없고 바깥에서 사람을 만나 밥 먹는 동안에도 전화가 오면 바로 받고, 문자가 오면 지체 없이 답장을 보냈으니까요. 그런 내 모습이 식구들의 모습을 통해 보였습니다. 문득 틱낫한 스님의 '오렌지를 먹는 법'이라는 글이 떠올랐습니다. 우리는 밥을 먹고 있던 게 아니라 문자로, 전화통화로 나누던 '말'을 먹고 있던 게 아니었을까 하는 생각에서요.

지금 이 순간에 충실하라는 말들을 많이 합니다. 그 말은 여전히 그렇게 살고 있지 못하다는 반증인데, 그렇다면 지금 여기에 충실하지 못하는 건 대체 무엇 때문일까요? 간단히 대답하기 어렵지만, 일상에서 현재에 집중할 수 없는 요소들은 곳곳에 너무도 많습니다. 그중에서도 스마트폰과 인터넷 그리고 광고를 꼽고 싶습니다. 이들 셋은 서로 긴밀히 얽혀 있는 관계에 있습니다.

지하철을 타다 보면 승객의 십중팔구는 스마트폰을 손에 들고 있습니다. 이어폰을 꽂고 음악을 듣는 사람도 있고, 드라마나 영화를 보는 이들도 있지요. 뉴스를 보거나, 트위터나 페이스북과 같은 소셜네트워크서비스를 열심히 훑는 사람도 있습니다. 그도 아니면

게임에 열중인 사람도 있습니다. 걷거나 무언가를 타고 이동하는 순간에도 이제는 뭐든 원하는 일을 할 수 있는 세상이 되었지요. 인터넷과 접속할 수 있는 곳이라면 그곳이 어디든 스마트폰은 알라딘의 요술램프 같은 존재입니다. 지구 반대편에 사는 친구를 곧장 불러내 이야기할 수도 있고, 프랑스에 있는 오르세 미술관에도 들어가 구경할 수 있지요. 스마트폰은 원하는 물건을 가져다주기도 하고, 보고 싶은 사람을 데려오기도 합니다. 혼자서는 할 수 없는 바둑과 윷놀이 같은 놀이도 가능합니다. 만나 본 적도 없고 얼굴도 모르는 누군가와도 마음만 먹으면 소통할 수 있지요. 상대를 알아야 하는 번거로운 과정이 생략된 채 가상의 공간에서 만나고 대화하는 것이 가능하다 보니 실제 인간관계에서도 이러한 행동이 습관처럼 되어 버린 경우도 있습니다. 굳이 만나서 얼굴을 마주하고 시간과 공간을 공유하면서 나누는 대화가 아니라 스마트폰 액정에 대고 대화를 합니다. 이러다가 점점 사람을 만나는 일이 거추장스러워지는 건 아닐지 모르겠습니다.

우릴 잠시도 내버려 두지 않는 광고는 또 어떤가요. 광고는 어디서든 사진이나 영상과 같은 이미지로 원하지도 생각지도 않은 물건에 대해 일방적으로 말을 겁니다. 그러다가 어느새 이 물건이 내게 필요할 수도 있겠다는 생각이 싹트지요. 길을 걷다 보면 도처에 놓

세상은 보이지 않는 끈으로 연결되어 있다

인 광고 속으로 인정사정없이 끌려다니게 됩니다. 광고는 끊임없이 떠들어댑니다. 어서 소비하라고 말이지요. 결국 계획에 없었고, 필요치도 않은 것들까지 소비하게 됩니다. 웹상에서 기사를 읽으려다 툭툭 튀어나오는 광고에 치여 읽기를 포기한 적이 한두 번이 아닙니다. 끊임없이 소비를 강요하는 세상이다 보니 온전히 지금 여기에 깨어 있는 일은 생각보다 쉽지 않습니다. 또한 그렇기 때문에 온전히 깨어 있는 삶이 절실하기도 합니다.

니콜라스 카는 《생각하지 않는 사람들》에서 구글의 이윤은 사람들이 정보를 흡입하는 속도와 직결된다고 했습니다. 그리고 인터넷에서 클릭할 때마다 우리의 집중력과 주의력은 무참히 파괴된다고도 했습니다. 우리가 인터넷 바다 위에서 더 빨리 서핑하면 할수록, 즉 더 자주 클릭하고 더 많이 들락거릴수록 구글은 우리의 정보를 더 많이 수집하여 광고 쓰레기를 우리에게 먹일 기회를 더 많이 갖게 된다는 것입니다. 실제로 구글은 우리의 혼을 완전히 빼놓는 사업을 하고 있다는 의미입니다. 니콜라스 카의 생각에 반론을 제기할 만한 그 무언가가 있을까요?

선사시대에 주먹도끼를 들듯 손마다 들려 있는 스마트폰으로 우리는 끊임없이 어딘가로 접속을 시도합니다. 시간과 장소를 구분하지 않은 채 말이지요. 필요한 어떤 정보를 찾으려 접속했다가도 순식간에 목적한 바를 망각한 채 구글의 좌판을 기웃거리며 끊임없이 파도타기를 하게 됩니다. 한두 시간 정도는 금세 증발해 버립니다.

우리 마음은 온통 스마트폰에 사로잡혀 있습니다. 행여 스마트폰을 지니지 않고 외출을 하게 되면 마음 둘 곳을 몰라 쩔쩔매게 되지요. 그러니 인생사 팔풍(팔방에서 불어오는 바람)의 파고 속에서 넘실댄다는 말에 이제는 하나를 더 추가해야 할지도 모르겠습니다. 아니 사이버 세계의 팔풍까지 곁들여 경험하며 살고 있다는 표현이 적절할 수도 있겠네요.

생각해 보면 사이버 세계는 나의 취향을 잘 아는 것 같기도 합니다. 이용자의 정보를 수집한 빅데이터를 활용하여 그에게 맞는 정보들만을 공급하기 때문이지요. 그러니 사이버상에서 만나는 세상은 근시안적으로 축소된 세상일지 모릅니다. 마치 불편하고 보기 싫은 것들이 말끔히 제거된 세상처럼 말이지요. 미국의 생태철학자인 조애너 메이시는 세상과 함께 고통을 느끼는 능력이 우리의 생존에 대단히 중요하다고 말합니다. 우리가 고통을 인정하게 되면 우리와 뭇 생명의 삶이 서로 연결되어 있다는 연기를 깨닫게 되어 우리가 직면한 문제를 해결하고 변화시킬 힘을 갖게 된다는 것입니다. 고통에 직면하고 연기의 실상을 느끼는 것을 조애너 메이시는 '재교감 Reconnecting'이라고 표현했습니다.

오렌지는 여러 조각으로 나뉘어져 있고, 만일 한 조각을 오롯이 마음 모아 제대로 먹을 수 있다면 우리는 오렌지 전체를 먹을 수 있을 것입니다. 그러니 오렌지를 먹는 방법부터 배워야겠습니다.

폭염, 기후변화의
어두운 그림자

2016년 여름은 밤이 되어도 기온이 떨어지지 않는 열대야가 한 달 넘게 지속되면서 많은 이들이 피로감에 시달렸습니다. 이렇게 지독한 폭염은 작년에 한 달 동안 지속된 가뭄과는 또 다른 느낌입니다. 도시에 살고 있으면 사실 가뭄은 그다지 불편하지 않습니다. '비가 참 안 오네' 하고 느끼긴 해도 수도꼭지를 틀면 언제나 물이 콸콸 나오니 가뭄을 체감하기란 쉽지 않습니다. 그러나 폭염은 조금 다릅니다. 폭염이 가뭄과 다르게 느껴지는 건 아마도 전기요금 때문이 아닐까 싶습니다. 에어컨을 맘껏 켤 수만 있다면 도시인에게 폭염이 이토록 고통스럽게 다가왔을까요? 바꿔 말해 가뭄의 심각함만

세상은 보이지 않는 끈으로 연결되어 있다

큼 수돗물이 나오지 않았다면 도시인에게는 가뭄 역시 큰 고통이었을 거란 얘기입니다.

　열대야는 폭염의 영향도 있지만, 도시에서 만들어진 열이 기여하는 바도 큽니다. 여름날 도시를 걷는 일은 참으로 고역입니다. 뜨거운 햇살도 그렇지만 건물과 자동차의 에어컨에서 내뿜는 열기 또한 견디기 힘들지요. 도시의 열을 완화하는 숲은 드물고, 오히려 열기를 가두는 아스팔트와 콘크리트로 뒤덮이다 보니 도시의 열대야는 도시인 스스로가 자처한 일이라고 할 수 있습니다. 에어컨을 켠 채 문을 열고 장사하는 가게를 만나는 일은 어렵지 않습니다. 문을 열고 들어오는 걸 부담스러워 하는 손님 때문에 소위 문턱을 낮추는 영업 전략이라고 합니다. 문을 연 채 에어컨을 켤 수 있는 건 상업용 전기요금에는 가정용 전기요금처럼 누진제를 적용하지 않기 때문입니다. 가정용은 누진제가 여섯 구간으로 나뉘어 있어 올 여름처럼 에어컨을 많이 켤 경우에는 요금 폭탄을 면하기 어렵지만, 산업용이나 상업용은 예외입니다. 그래서 최근에는 가정용 전기요금 누진제 폐지를 위한 소송이 진행 중이고 인터넷 청원도 이어졌습니다. 그런데 누진제 폐지가 과연 해답일까 하는 생각이 듭니다. 누진제가 폐지되어 이제 가정에서도 마음껏 에어컨을 마구 돌린다고 폭염 문제가 해결되는 걸까요?

에어컨은 열기를 이쪽에서 저쪽으로 옮겨 놓을 뿐 열 자체를 사라지게 하는 게 아닙니다. 결국 비정상적인 폭염에서 벗어날 근본 대책은 아니라는 말이지요. 에어컨을 맘껏 쓰기 위해 필요한 전기는 어디서 어떻게 감당하고 있을까요? 우리가 사용하는 에너지의 95퍼센트 이상은 수입해서 쓰고 있습니다. 태양광이나 풍력 등의 재생에너지와 바이오매스(생물체를 열로 분해하거나 발효시키는 방법으로 메탄가스나 에탄올 등을 얻는 에너지원), 수력 등으로 생산하는 아주 적은 양을 제외하고는 죄다 수입에 의존하고 있지요. 그렇다고 가정용 전기요금 누진제를 그대로 두어야 한다는 말은 아닙니다. 보다 근본적인 고민이 선행되어야 한다는 말이지요. 어떤 방식으로 전기를 생산해야 탄소 배출을 줄일 수 있을지, 오늘날 급변하는 기후변화가 왜 발생하는지에 대한 성찰이 먼저 이루어져야 한다는 말입니다.

해마다 국제환경단체인 지구생태발자국네트워크GFN에서는 지속가능한 지구를 위해 세계 생태발자국 추정치를 발표하고 '지구 용량 초과의 날Earth Overshoot Day'을 선포합니다. 지구 용량 초과의 날이란 말 그대로 지구가 인류에게 준 한 해 분량의 자원을 모두 써 버린 날을 뜻합니다. 그러므로 이날 이후부터 쓰는 자원은 미래에 쓸 것을 미리 당겨쓰는 셈이지요. 2016년 지구 용량 초과의 날은 8월 8일이었습니다. 그러니 8월 8일 이후부터 탄소를 배출하며 써 버린 자원은 모두 자연의 재생 능력을 넘어서는 것이고 지구 생태계를 혹사시키는 게 됩니다. 인류가 생태 자원을 지구 용량 이상 초과해 사용하기 시작한 건 1970년대부터였습니다. 1970년대 초반 12월 하순이었던 지구 용량 초과의 날은 1990년대에 들어서면서 10월로, 2010년에 들어서면서 8월로 당겨졌습니다. 미래의 것을 당겨쓰다 보니 지구인들이 지금처럼 자원을 소비하려면 지구가 1.6개 필요하고, 만약 세계인들이 한국인들처럼 자원을 소비한다면 지구가 3.3개가 필요하다니 부끄러울 뿐입니다.

극심한 폭염을 겪을 때면 기후변화가 가까이 와 있다는 걸 실감합니다. 기후변화의 원인을 과도한 온실가스 발생으로 규정하지만, 그건 반만 맞는 말입니다. 반세계화 운동가인 나오미 클라인은 기후변화의 원인을 탄소가 아닌 자본주의에 있다고 말합니다. 편리함과 고통은 그 길이 다르지 않아 보입니다. 편리함을 누린 대가로 고통이 따르기 마련입니다. 그대로 인과의 이치를 설명하는 것이 아닐까요. 폭염과 열대야로 잠 못 이루는 밤이 우리에게 속삭입니다. '많이 소비할수록 고통 또한 깊어진다'고 말입니다.

성장에는 한계가 있고
욕망에는 한계가 없다

플라스틱으로 넘쳐 나는 쓰레기 산을 뒤져서 재활용할 것들을 찾는 사람들이 보입니다. 석유시대와 함께 등장했던 플라스틱은 그동안 인류의 골칫거리였습니다. 그런 플라스틱이 새롭게 쓰임새를 갖게 된 것입니다. 넝마주이와 수선이 유망한 직종으로 각광을 받고 있고요. 대낮처럼 환하던 밤은 이제 더 이상 없습니다. 침침하지만 식구들이 옹기종기 모여 앉아 그야말로 '저녁이 있는 삶'을 날마다 실현하며 살게 되었습니다. 세계화란 말은 화석이 되어 버렸고, 오직 지역만이 활동무대가 되었습니다.

이런 상상, 어떤가요? 미국의 사회비평가이자 작가인 제임스 하워드 쿤슬러의 상상입니다. 우리의 미래는 지금보다 더 기술이 진일보한 사회가 아닌 바로 이런 사회일 거라는 거지요. 이로써 지구 생태계는 다시 제자리를 잡아 갈 테고요. 자급자족하면서 적은 것으로도 만족할 줄 아는 삶을 사는 그런 시대, 우울한 상상인가요?

지금 우리는 인류 역사상 가장 풍요로운 시대를 살고 있습니다. 쿤슬러는 《장기비상시대》라는 책에서 오늘날의 풍요는 화석연료라는 노다지 덕이라고 했습니다. 이 시기는 인류사에서 오직 한 번뿐이며 가장 비정상적이라고 말입니다. 비정상적인 이 시기가 마치 물과 공기처럼 익숙해진 현 인류는 곧 '석유 없는 시대'가 도래할 거라는 생각은 하지 못할 것입니다. 풍요로움은 의식주뿐만 아니라 여러 형태로 표현이 됩니다. 물론 지구에 사는 모든 사람들이 풍요로운 시대를 살고 있는 건 아닙니다. 여전히 기아와 빈곤에 허덕이는 사람들도 많습니다. 그러나 적어도 오늘날 우리 사회를 들여다보면 이전보다 풍요로운 시대인 것은 틀림없습니다. 풍요를 넘어서 낭비 혹은 사치라는 말이 나돌 정도로 말이지요.

상점이든 백화점이든 물건이 넘쳐 나는 모습은 어디서든 볼 수 있습니다. 물건은 갈수록 세련되어지고, 그걸 소유하기만 하면 나까지도 덩달아 세련될 것만 같습니다. 내가 소유한 물건은 삶을 편리하게 이끌 뿐만 아니라 내 품격까지도 대신합니다. 그렇게 소유하려는 욕망은 커져만 가고 그 끝을 알 수 없습니다. 마침내 원하는 것을 소유했을 때 욕망은 깡그리 비워질까요? 욕망이 그렇게 쉽게 사그라지는 거였다면 애당초 욕망이라 부르지도 않았을 것입니다. 생존을 위해 반드시 필요한 것을 제외한 물건은 이미 생산단계에서부터 욕망을 부추기도록 설계됩니다. 그래야 생산한 것들이 소비될 테니까요. 생산은 소비를 전제로 이루어집니다. 그 결과 세상엔 물건이 넘쳐나고, 끊임없이 뭔가를 소유하고 소유시키려는 패러다임이 형성됩니다. 여기서 이런 질문을 던져 봅니다. 그렇게 넘쳐 나는 물건들은 대체 어디서 와서 어디로 가는 걸까요?

태블릿 피시를 만드는 과정을 생각해 봅니다. 태블릿 피시 한 대를 만드는 데는 수많은 부품이 필요하고, 그 부품을 만들려면 그에 앞서 여러 가지 원료가 필요합니다. 플라스틱, 구리, 유리, 주석, 금, 텅스텐, 납, 카드뮴, 수은, 탄탈룸 등이지요. 이 가운데 전자제품을 만드는 데 빠지지 않는 탄탈룸은 콜탄이라는 재료로 만들어집니다. 이 때문에 아프리카 콩고에서는 고릴라 서식지가 사라지고 피를 부르는 내전이 일어나고 있습니다. 이러한 피해를 감수하면서까지 콜탄이 채굴되고 정제되는 것입니다. 그렇게 해서 만들어진 태블릿 피시는 세계를 우리의 삶과 아주 가깝게 연결시켜 줍니다. 원하는 많은 것들을 손쉽게 가능하도록 만들어 주기도 하고요. 사람들은 바로

세상은 보이지 않는 끈으로 연결되어 있다

이러한 점에 주목합니다. 뛰어난 기술력과 생활의 편리함 말입니다. 그 대가는 원료를 채굴하고 정제하는 과정에서 벌어지는 부작용만이 아닙니다. 몇 년을 쓰다가 버려지는 디지털 쓰레기 또한 만만치 않습니다. 대개 선진국에서 쓰다 버린 디지털 쓰레기의 종착역은 아프리카, 인도, 중국 등의 가난한 지역입니다. 도시의 쓰레기들이 작은 시골 마을 뒷산으로 숨어 들어가듯 말이지요. 이 지역의 어린이들은 폐전자 쓰레기덤에서 돈이 되는 구리를 건지려 불을 지르고 유독가스를 마십니다. 쌓인 디지털 쓰레기덤에서 흘러나오는 카드뮴, 수은, 납 등은 그들이 사는 지역을 오염시키고 주민들의 건강을 위협합니다.

전 세계에서는 해마다 대략 5천만 톤 이상의 디지털 쓰레기가 나오는 것으로 추정합니다. 이 엄청난 쓰레기는 쏟아져 나오는 신제품의 양과도 관련이 있습니다. 있는 걸 버려야 새 제품이 팔리는 이치는 여러 학자들에 의해 이미 '계획된 구식화', '기능적 구식화' 또는 '상징적 구식화'란 용어로 설명되고 있습니다. 기능적으로 더 나은 물건이 나옴으로 해서 구식이 되어 폐기하는 경우도 있고, 계속 새로운 제품이 쏟아지다 보니 기존 제품의 생산라인이 빨리 끊기는 구식화도 있으며, 실제로 몇 년 사용하면 고장이 나도록 계획된 구식화도 있다는 거지요.

작년에 충북 제천의 매포읍이라는 곳에 다녀온 기억이 떠오릅니다. 전체가 석회지대로 되어 있는 산을 위에서부터 파내어 시멘트를 만들고 있었지요. 산이 반쯤 남아 있는 풍경을 보며 지구를 갉아 먹고 있다는 생각이 들었어요. 지구를 갉아 먹는 일에는 한계가 있기 마련입니다. 잘 배분해서 다음 세대가 써야 할 자원도 남겨 둬야 하고, 자연 생태계가 존재할 곳도 보존되어야 합니다. 그러나 소비 문화가 만연한 사회는 뒤를 생각하지 않지요. 에른스트 슈마허는 인류의 생존 기반을 세 가지로 얘기했습니다. 화석연료와 자연의 허용한도 그리고 인간의 본질을요. 이 가운데 자연의 허용한도란 자연이 일정 시간이 흐른 뒤 오염원을 정화하는 능력이라 할 수 있습니다. 우리는 날마다 소비하면서 자연의 허용한도를 단 한 번이라도 생각해 봤을까요?

40년 전 슈마허는 인간의 욕망을 제한하지 않고서 인류는 결코 지속적인 성장 아니 생존을 할 수 없다고 갈파했습니다. 슈마허보다 한 해 앞서 로마클럽은 〈성장의 한계〉 보고서를 세상에 내놓았지요. 40여 년 전의 예측이 대부분 예언처럼 맞아 떨어지고 있습니다. 오늘날 세계는 경제위기를 얘기하고 마이너스 성장을 얘기합니다. 마이너스 성장이 정말 위기를 가져올까 생각해 봅니다. 오히려 쿤슬러의 상상처럼 비정상에서 정상인 시대로 돌아가는 불가피한 시기가 올 거란 생각도 듭니다. 물론 그 과정에서 인류는 엄청난 고통을 감

세상은 보이지 않는 끈으로 연결되어 있다

수할 수밖에 없을 것입니다. 만약 욕망에 휘둘리지 않고 나와 주변의 관계를 생각하는 연습을 시작한다면 다가올 고통의 크기를 줄이는 데 도움이 되지 않을까 싶습니다. '성장에는 한계가 있고 욕망에는 한계가 없다'는 건 명백한 사실입니다. 이제 우리는 어떤 삶의 방식을 선택해야 할까요?

4장.

일상에서
생태 감수성을
발견하다

진공청소기보다
비질이 좋은 이유

국내 가전회사 제품을 적어도 하나씩은 써봤을 정도로 청소기를 즐겨 쓰던 제가 몇 년 전부터 갈대로 만든 빗자루로 청소를 하고 있습니다. 느닷없이 진공청소기에서 빗자루로 바뀌게 된 사연은 잠시 제쳐 두고 빗자루 예찬을 해볼까 합니다.

빗자루로 청소를 시작하면서 가장 먼저 느낀 변화는 늘 동동거리던 마음의 속도가 한 박자 늦춰졌다는 것입니다. 왜냐하면 바삐 비질을 하게 되면 먼지가 공중으로 붕붕 날아오르기만 할 뿐 도무지 진도가 나지 않으니까요. 빗자루로 집 안 구석구석을 찬찬히 쓸

다 보면 식구들 생활을 엿볼 수도 있습니다. 손톱을 언제 깎았는지, 지우개 가루가 여기저기 흩어져 있는 걸 보면 '요즘 과제가 많은가?' 하는 생각도 듭니다. 근심거리가 있는 날에는 쓸어 모은 쓰레기들로 마음에 쌓인 걱정까지 쓸어 버린 듯 홀가분해집니다. 빗자루로 청소할 때는 음악을 감상할 여유도 생깁니다. 별다른 소음이랄 게 없으니까요. 비질은 바닥뿐 아니라 책꽂이며 테이블 위도 함께 청소할 수 있어 일석이조랍니다. 때로는 이 빗자루를 만든 이는 몇 살일까, 언제부터 빗자루 만드는 걸 배우게 되었을까, 빗자루 만드는 일을 재밌어할까 하는 상상을 할 때도 있답니다. 그도 그럴 것이 지금 쓰는 빗자루는 소위 빗자루 명인이 만들었다는 갈대 빗자루거든요. 손안에 쏙 들어오는 아담한 크기에다 갈대의 부드러움이 느껴져 정말 좋습니다. 청소할 때 하나씩 떨어져 나오는 갈대를 보면 아까운 마음에 비질을 더욱 조심스럽게 하고는 합니다. 처음 샀을 때보다 여기저기 해진 부분이 조금씩 보이는 걸 보며 덧없음을 느끼기도 합니다. 좋아하는 것들이 변하거나 낡아 가는 걸 지켜보는 건 결코 유쾌할 리 없지만, 그럼에도 변하지 않는 것이 있을 리 만무하니 오히려 담담해지는 연습이 되기도 합니다.

그러나 이 모든 즐거움을 제압할 최고의 경험은 어느 순간 무념무상의 상태로 비질을 하고 있는 저를 발견할 때입니다. 이런저런 생각들이 먼지처럼 풀썩이다가 그마저 비에 쓸려 버린 듯 다 사라지

세상은 보이지 않는 끈으로 연결되어 있다

고 무념의 상태가 될 때가 더러 있더군요. 방석에 앉아 그토록 다가 가려 해도 언제나 잡념으로 번다스럽다가 한순간 밀려오는 졸음으로 마무리를 짓곤 하던 참선의 경험보다 비질이 제게는 훨씬 크고 강렬했습니다. 이것이 빗자루를 예찬하는 까닭입니다.

20여 년 가까이 진공청소기를 즐겨 쓰다가 하루아침에 갈대 빗자루를 쓰게 된 계기는 《플러그를 뽑으면 지구가 아름답다》라는 책 때문이었습니다. '비전력화'란 조금은 어색한 말도 이 책을 통해 알게 되었고요. 전기 없이도 멀쩡히 쓰던 물건들이 어느새 전기를 사용해야만 작동하는 물건으로 바뀌었고, 이제 다시 전기 없이 사용하는 물건으로 돌아가려는 비전력화. 진공청소기의 비효율성에 대해 적어 놓은 후지무라 야스유키 선생의 글은 막연히 진공청소기가 더욱 효율적일 거라는 고정관념을 여지없이 깨어 주었습니다. 진공청소기란 것이 본래는 신발을 신고 실내에서 생활하는 미국인들에게 적합한 것이었다고도 합니다. 신발을 신은 채 실내에 들어오다 보니 쿵쾅거리는 소리가 거슬렸고, 카펫을 깔아 소음을 해결하는 대신 카펫에 내려앉은 흙먼지 등을 제거하려고 등장한 것이 진공청소기였다는 거지요. 공기를 이용해 흙먼지를 빨아들이는 진공청소기는 신발을 벗고 실내에서 생활하는 한국이나 일본에는 적합하지 않았음에도 선진적인 부의 상징으로 마룻바닥에 카펫을 깔고 진공청소기로 청소하는 어처구니없는 일을 벌이고 있었다는 것도 알게 되었습니다. 그냥 비질하고 물걸레로 쓱쓱 문지르면 끝날 일을 무거운 청소기를 끌고 다니면서 문지방이며 가구며 흠집을 내는 걸로도 모자라 전기까지 잡아먹는 진공청소기. 한발 떨어져 보면 이처럼 어리석은 일이 또 있을까 싶지만, 객관적으로 이 사실을 알기 전까지 청소라면 으레 진공청소기가 있어야 되는 줄로 알고 살았던 거지요. 후지무라 선생은 진공청소기의 비효율성에 대해서도 자세히 언급했습니다. 따져 봤더니, 세상에나 효율이 2천만분의 1밖에 안 된다는 결론에 이르더군요. 기술의 진보라는 것이 효율을 최우선하는 것이 아니었던가요? 잘못 읽었나 싶어 눈을 비비고 다시 읽어 봤지만 역시 오독은 아니었습니다.

전기를 이용한 전기밥솥, 냉장고, 비데 등 무수한 전자제품들의 비효율성을 낱낱이 밝혀낸 후지무라 선생의 책은 제게 놀라움이었습니다. 그렇다면 왜 이런 물건들이 계속 발명되었을까요? 비효율적이고 에너지 낭비가 심한 이런 제품들은 사람들이 편하고 싶어 하는 욕구를 한껏 자극하면서 등장했다는 것입니다. 편리함에다 근대화된 느낌의 세련됨, 그리고 가진 자가 된 느낌이 진공청소기를 쓰도록 부추겼다는 결론인 거지요. 공감이 가시나요?

삶을 객관화하여 들여다보면 모순투성이라는 것을 발견하게 됩니다. 편리함을 추구하느라 에너지 소비는 마냥 증가하고 있습니다. 그 덕에 지구는 해마다 기록을 갈아치우며 뜨거워지고 있고요. 뜨거워진 지구는 곳곳에서 가뭄, 홍수, 폭염, 산불 등으로 괴로움을 토로합니다. 이러한 재난들은 당장 먹을거리, 마실 물의 부족으로 이어집니다. 얼마 전 터키 해변으로 떠내려온 세 살 난 알란 쿠르디의 사체는 세계인을 경악케 했습니다. 고작 세 살의 쿠르디는 세상을 알기도 전에 일가족과 함께 조국을 등지고 바다 위를 떠돌다 싸늘한 시신으로 발견되었습니다. 그의 비극도 알고 보면 오랜 가뭄에 의한 식량문제와 깊게 맞닿아 있습니다.

비효율적인 진공청소기 대신 빗자루를 든다면 어떻겠습니까? 불교에서는 우리가 사는 이 세계를 '감인토堪忍土'라고 부른다지요? 참고 견뎌 내야 할 세상이란 뜻이지요. '즐거운 불편'이란 말이 유행하더군요. 우리의 편리함을 불편으로 바꾸는 일이 참고 견뎌 내야 할 만큼의 괴로움은 아니겠으나, 오랜 시간 젖어든 습관을 바꾸는 일이야말로 참고 견뎌 내야 할 일일 테지요. 만약 빗자루 예찬에 단 하나라도 매력적인 구석을 느꼈다면 함께 빗자루를 들어 보는 것은 어떨까요?

소비 없는
풍요로움

노트북이 주로 검거나 회색이던 시절, 오렌지색 노트북은 꽤 인상적이었습니다. 첫눈에 반해서 내 것이 된 노트북을 쓴 지가 3년이 채되지 않았을 무렵부터 자꾸 프로그램이 다운되고 오류가 나기 시작했습니다. 글 쓰는 일을 하다 보니 노트북이 제대로 작동하지 않으면 여간 답답한 게 아닙니다.

하루 시간을 내서 서비스센터에 가져갔습니다. 그런데 그곳에서 어처구니없는 얘기를 들었지요. 노트북을 바꿀 때가 됐다는 거예요. 순간 귀를 의심했습니다. 아직 3년도 채 쓰지 않았는데 말이지요. 노트북을 이 정도 썼으면 쓸 만큼 충분히 썼다는 거예요. 보통 2년이

세상은 보이지 않는 끈으로 연결되어 있다

지나면 대부분 새 제품으로 바꾼다면서요. 아무렇지 않게 말하는 그 직원을 똑바로 쳐다보며 그냥 고장 난 부품을 교체해 달라고 했습니다. 겉은 새것과 다를 바 없이 멀쩡한 데다 부품이 고장 난 거라면 그것만 손보면 새 제품과 별다르지 않다는 생각이 들었기 때문이지요.

서비스센터 직원은 부품이 있는지부터 알아볼 테니 잠시 기다리라고 했습니다. 겨우 3년도 안 된 제품의 부품이 있는지를 살펴봐야 하다니요. 제품 수명이 대체 몇 년이기에 하고 생각하는데, 부품 창고에 다녀온 그가 다행히 부품은 있다고 했습니다. 문제는 비용이었지요. 10만 원이 훌쩍 넘는 비용을 감수하고 노트북을 고쳤다 해도 또 다른 고장이 생길 수 있다는 직원의 말에 적잖이 망설였습니다. 그러다 또 다른 데가 고장 나면 계속 수리비만 대다 결국 못 쓰게 되는 건 아닐까 하는 석연찮은 마음 때문에 수리하려던 마음을 접고 말았지요.

서비스센터를 나서는데 누군지 모를 대상을 향한 분노가 일었습니다. 과학기술은 날로 진일보하는데 어떻게 이런 물건을 고작 3년도 채 못 쓰고 버려야 한다는 건지, 더구나 이게 일반적인 경우라는 건 더더욱 이해할 수 없었습니다. 장터에서 뚝딱 만든 물건이라면 몰라도 몇백만 원이 훌쩍 넘는 가격에, 최첨단 기술로 만들어진 노트북을 고작 2~3년 쓴다는 건 왠지 사기 당한 기분이었습니다. 게다가 이 노트북은 자칭 '초일류 기업'이라는 광고가 붙어 다니는 회사 제품이었습니다. 그런데 왜 이토록 허술하게 만들었는지 아무리 생각해도 상식 밖이었습니다.

제 친정집엔 70년대에 구입한 선풍기가 40여 년째 잘 돌아가고 있습니다. 고작 동네 전파상에서 몇 차례 수리 받은 이력이 전부인데도 말입니다. 40년이나 지나는 세월 동안 기술이 진보하기는커녕 오히려 퇴보되었다는 말일까요? 기술의 퇴보라는 건 얼토당토않은 얘기지요. 가만 생각해 보니 집에 시디플레이어만 서너 개가 됩니다. 다 망가진 것들이지요. 시디를 들으려고 구입해서 1년쯤 쓰다 보면 고장이 나곤 했습니다. 고치러 가면 대개 부품 하나가 고장인데, 부품 가격이 만만찮게 비쌌지요. 그 값에 조금 더 보태면 새 제품을 살 수 있는 가격이었어요. 그러니 수리하기보다 새로 구입해서 쓰게된 거지요. 그렇게 고장 난 시디플레이어가 겉모습은 멀쩡하다 보니 버리기가 아까워 여태 집 안에 쌓여 있던 것입니다. 쓰던 회사의 제품이 특별히 부실한가 싶어 경쟁사의 제품을 사도 고장이 나는 시기는 대략 비슷했습니다. 그러고 보니 프린터도 그랬어요. 왜 이런 일들이 벌어지는 걸까요?

우연한 기회에 이 의문에 대한 답을 찾게 되었습니다. 그것은 바로 '계획된 진부화'였어요. 쉽게 설명하면, 어느 정도 시간이 지나면

세상은 보이지 않는 끈으로 연결되어 있다

저절로 제품이 망가지도록 정해 놓았다는 뜻이에요. 이렇게 해야 또 다른 제품을 사게 되니까요. 제품에 미리 결함을 넣어 일정 기간이 지나면 물건이 망가지도록 한 거지요. 제3세계의 값싼 노동력으로 만들어진 새 제품에 비해 2~3년 안에 생산라인을 중단해 버린 고장 난 제품의 부품은 아예 구할 수 없거나 혹은 값이 턱없이 비쌉니다. 그러니 소비자들은 수리를 포기하고 새 제품을 구입합니다. 계획된 진부화는 끊임없이 새 제품을 소비하도록 부추깁니다. 그리고 소비한 만큼 엄청난 쓰레기를 생산합니다. 자원 고갈 따위는 계획된 진부화 프로젝트에 어떤 영향도 줄 수 없을 것처럼 보입니다.

휴대전화 가게 앞을 지나다 보면 신제품이 출시되었으니 바꾸라는 권유를 많이 받습니다. 그러고 보니 주변에 휴대전화를 새 제품으로 자주 바꾸는 소위 얼리어답터들도 꽤 되는 것 같습니다. 휴대전화 시장은 이미 포화상태고, 그렇다면 어떤 방법으로 시장을 움직여야 할까요? 이미 나온 제품을 빨리 구닥다리로 만들어 버리면 됩니다. 그러고는 새 제품을 광고하는 거지요.

텔레비전을 보며 일방적으로 세뇌당하는 이들이라면 그럴싸한 광고에 솔깃합니다. '오, 이것 괜찮은데, 갖고 싶네' 하는 욕망의 씨앗을 심는 데 광고 전략이 성공한 셈이지요. 상징적 진부화의 과정입니다. 휴대전화라는 새로운 발명품의 등장은 단지 소비의 시작에 불과했습니다. 끊임없이 새로운 겉모습으로 진화하며 사람들의 눈과 마음을 빼앗았습니다. 그러니 계획적 진부화가 이젠 큰 의미가 없어 보이기도 합니다. 애당초 휴대전화 본래의 기능은 어디론가 사라지고, 이제는 개인단말기의 기능을 하고 있으니까요. 피시가 있고 엠피스리가 있고 전화기가 있어도 그 셋을 합친 건 없지 않으냐며 있던 것들을 버리고 이걸로 소비하라고 부추기니까요. 스마트폰이 등장하고 나서 집에 있던 엠피스리는 순식간에 쓰레기통에 처박혔습니다.

프랑스의 경제학자이자 탈성장 이론가인 세르주 라투슈는 《낭비 사회를 넘어서》에서 "소비 사회는 성장 사회의 종착점"이라고 했습니다. "성장 사회는 성장 경제가 지배하는 사회이고, 성장이 모든 것을 흡수해 버리는 사회로 정의할 수도 있다"라고도 했습니다. 성장을 위한 성장이 경제와 삶의 우선적인 목표, 아니 유일한 목표가 되어 버렸습니다. 분명한 필요를 위해 성장하는 것이 아니라 성장하기 위해 성장한다는 것입니다. 필요에 의해 소비하는 것이 아니라 소비를 함으로써 필요성을 찾는다는 말이지요. 필요를 창조한다는 이상한 논리가 전혀 이상스럽지 않게 성립되기도 하는 게 오늘날 소비 사회가 아닐까요. 제품이 죽어야 소비 사회가 산다는 말로도 이해할 수 있습니다.

세상은 보이지 않는 끈으로 연결되어 있다

프랑스의 또 다른 경제학자인 베르나르 마리스는 "상품의 소비와 순환은 점점 빨라지고, 쓰레기는 점점 많이 쌓이고, 이 쓰레기를 처리하는 활동은 점점 중요해진다"라고 얘기했습니다. 생산한 것은 몇 년 내에 고장이 나도록 의도적 결함을 끼워 넣어 판매되고, 소비자는 왜 소비를 해야 하는지도 모른 채 상징적 진부화 혹은 계획적 진부화에 떠밀려 소비의 소용돌이 속으로 정신없이 빨려 들어갑니다. 소비에 중독된 사회는 여러 가지 형태의 부작용을 낳습니다. 숱한 부작용 가운데 소비에 중독된 인간으로 인해 생태계가 몸살을 앓고 병들어 가는 일은 세대를 거듭한 문젯거리가 될 것입니다. 새 제품을 구입하면서 밀려나는 낡은(사실은 낡을 정도로 쓸 겨를도 없지만) 물건들이 어떻게 되는지는 관심 밖입니다. 오로지 관심은 새로운 소비 대상에 쏠려 있으니까요.

새 제품이든 헌 제품이든 생산되고 소비되는 물건 가운데 플라스틱이 차지하는 비중은 결코 작지 않습니다. 플라스틱은 박테리아 등의 분해물질에 의해 유기물이 생태계 속으로 다시 돌아가지 못하고 햇빛에 의해 계속 잘게 쪼개지기만 할 뿐입니다. 즉 플라스틱은 끝내 자연으로 돌아가 생태계의 일원이 될 수 없다는 사실입니다. 잘게 쪼개진 플라스틱의 운명은 어떻게 될까요?

오늘날 바다는 쓰레기로 넘쳐 납니다. 지상에서 떠밀려 온 쓰레기도 있고, 바다에서 버려진 쓰레기도 있습니다. 그 쓰레기의 90퍼센트 이상이 플라스틱입니다. 그리고 그 쓰레기가 생산되는 것과 계획적 혹은 상징적 진부화는 어딘가 맥이 닿아 있습니다. 하와이 인근에는 한반도 7배 크기의 거대한 쓰레기 섬 Great Pacific Garbage Patch 이 있습니다. 2009년 8월에 이 쓰레기 섬의 규모를 측정하고 이것이 해양생물에 미치는 영향을 조사하는 프로젝트가 진행되었습니다. 그 결과, "쓰레기 섬은 온갖 종류의 떠다니는 쓰레기(특히 플라스틱)로 이루어져 있으며, 해양생물은 이 쓰레기로 인해 생명에 위협을 받고 있다"는 사실이 알려졌습니다. 해양생물의 생명이 위협당하면 결국 우리의 생명도 위협을 당하게 됩니다. 모든 생명은 서로 연결되어 있으니까요. 그 후 쓰레기 섬의 크기는 작아졌을까요?

끊임없이 생산하고 소비하는 사이클 속에서, 남겨진 쓰레기가 쌓일 곳은 자연 말고 달리 없습니다. 소비하지 않으면 성장할 수 없는 이 시대의 모순을 최종적으로 고스란히 떠안아야 하는 것이 왜 자연이어야 할까요? 자연에서 생명을 얻고 다시 자연으로 돌아갈 인간인데 말이지요.

매 순간 현재를 진부한 과거로 매도해 버리고 끊임없이 새로운 소비를 강요하는 일은 어떻게 멈출 수 있을까요? 어떻게 하면 우리는 의도된 진부화라는 이 탐욕스러움에서 자유로울 수 있을까요?

세상은 보이지 않는 끈으로 연결되어 있다

소비하지 않아도, 성장하지 않아도 우리 삶이 보다 풍요로울 수 있는 방법은 정말 없는 걸까요? 시간과 공간 속에서 방향을 잃고 소비의 소용돌이에 휘말려 이리저리 표류하는 우리들에게 필요한 지혜는 무엇일까요? 해답은 인간과 자연이 하나로 어우러져 있다는 사실을 깨닫는 데서 비롯된다고 생각합니다.

버리지 않고
고쳐 쓰는 일

4월 중반이 넘도록 날씨는 찬 기운을 털어 버리지 못하고 있습니다. 4월에 눈 내리는 풍경을 맞닥뜨리고 나니, 이러다 봄이 사라지는 건 아닐까 하는 불안감이 엄습합니다. 하늘거리는 블라우스를 입어 봤던 봄이 언제인가 싶다가 문득, 어릴 적에 무척 아끼던 블라우스 하나가 떠올랐습니다. 연노랑 바탕색에 자잘한 꽃무늬가 한가득 프린트되어 있었고, 칼라와 소매 커프스의 테두리를 흰색 레이스가 장식했던 옷이었습니다. 소매는 봉긋해서 그 옷을 입으면 만화 주인공이 된 듯했던 기억이 있습니다. 그 옷을 입은 날에는 발걸음마저 날듯이 가벼웠던 것도 같습니다. 나중에는 커프스가 다 해져 레이

세상은 보이지 않는 끈으로 연결되어 있다

스가 너덜거렸는데, 어떻게 더 입어 볼 생각에 요리조리 꿰매어 가며 몇 년을 더 입었지요. 어떤 물건에 유독 애착이 간 때문이기도 할 테지만, 그땐 대체로 물건이 귀한 시절이었으니 아껴서 사용했던 것 같습니다.

설빔이나 추석빔으로 한 해에 두어 벌 새 옷을 장만하면 꽤나 호사스럽다 생각하던 시절이 그렇게 오래된 과거는 아닙니다. 그런데 어느 순간 물건은 너무 흔해져 버렸습니다. 값싼 티셔츠를 사서 여름 한철 입다가 버려도 돈이 아깝지 않다는 말이 들리기 시작했습니다. 왜 물건 값이 싼지, 그리고 한철 입다가 버려진 물건은 어떻게 되는지 궁금해하는 사람은 좀처럼 만나기 어렵습니다.

문제의 심각성을 느낀 건 옷장을 정리하면서였습니다. 내겐 기억조차 없는 옷이 옷장 서랍 한 칸에 빼곡했거든요. 기억을 더듬어 보니, 부담 없는 가격에다 디자인도 봐줄 만해서 덜컥 충동구매한 옷들과 싼 김에 여러 장 샀다며 주변에서 선물 받은 옷들로 채워진 거였습니다. 꺼내 놓고 보니 한 번도 입은 적 없는 옷이 여러 장 눈에 띄었습니다. 감당할 수 없는 이 많은 옷들이 옷장으로 들어올 수 있던 첫째 이유는 옷값입니다. 만약 옷값이 비쌌다면 이 옷들이 제 옷장에 쌓일 수 있었을까요. 그렇다면 이 옷들은 어떻게 해서 싼 가격에 팔릴 수 있었을까 궁금했습니다. 옷을 비롯해 제 주변에는 여러 종류와 많은 가짓수의 물건들로 차고 넘칩니다. 물건을 넣어 다니는 가방이며, 다양한 모양의 컵과 그릇들, 다양한 용도의 신발들. 이 많은 물건들 하나하나가 세상에 나와 쓰임을 다하고 버려지는 과정에는 어떤 이야기가 숨어 있을까요.

즐겨 마시는 커피 가운데 동티모르에서 온 커피가 있습니다. 인도네시아 남쪽에 있는 작은 섬나라 동티모르의 어디쯤에서 빨간 과육에 싸여 있던 열매가 진한 갈색의 커피 향을 전합니다. 커피나무가 심어진 그곳은 어떤 곳일까요?

오래전 동티모르에는 백단목이라는 나무가 많았다고 합니다. 은은한 향 덕분에 수공예품을 만드는 재료로 인기가 많았지요. 동티모르를 식민 지배하던 포르투갈인과 인도네시아인은 백단목을 마구 베어 냈다고 해요. 그리고 그 자리에 오랜 시간을 키워야 재화로서 가치가 있는 백단목 대신 속성재배가 가능한 여러 작물을 심었는데, 그중 하나가 커피나무였습니다. 만약 백단목이 많이 심어진 숲을 함부로 베어 내지 않았다면 여전히 그곳은 나무가 무성한 곳이었을 테지요. 잘려 나간 백단목으로 만들어진 물건들은 지금 지구 어느 곳에서 어떤 모습으로 있을까요? 숲의 나무가 다시 숲으로 돌아오지 못하고 쓰레기가 되어 도시의 어느 매립지에 묻혔을지도 모를 일입니다.

세상은 보이지 않는 끈으로 연결되어 있다

인간이 물건을 만드는 데 필요한 원료를 자연에서 꺼내 쓰면서 천연자원은 점점 줄었습니다. 지난 30년 동안 지구 천연자원의 3분의 1이 소비되었다고 합니다. 너무 빠른 속도로 자원이 고갈되어 가니 지구는 회복 능력을 상실한 상태입니다. 게다가 원료를 꺼내 쓰는 과정에서 환경도 황폐해진다는 사실에 주목해야 합니다. 복사용지 1톤을 만들기 위해 숲에서 나무 2~3톤이 베어지고, 전자제품의 원료로 쓰이는 납과 금을 채굴하느라 주변 강과 흙을 오염시켜 그 일대 마을을 폐허로 만들었습니다. 게다가 선진국에서 버려진 전자제품들은 가난한 나라의 가난한 마을로 돌아와 버려집니다. 마을의 환경은 여지없이 회복불능의 상태가 되어 버립니다. 물건 때문에 사람이 소외되는 아이러니한 일이 벌어지는 것입니다. 휴대용 전자기기에 꼭 필요한 부품의 원료인 콜탄을 캐기 위해 콩고 아이들의 30퍼센트가 학교를 그만두고 노동에 종사합니다. 먹고살기 위해 노동을 할 수밖에 없는 제3세계의 아동과 여성이 가장 먼저 소외계층이 되는 것입니다.

추출된 천연자원은 유독성 화학물질이 더해져 완제품, 즉 물건으로 탄생합니다. 현재 상업분야에서는 10만 가지가 넘는 합성화학물질이 다뤄진다고 합니다. 이 가운데 소수만이 인체에 미치는 영향에 대해 검증을 받은 상태입니다. 그러니까 우리는 물건에 포함된 화학물질 가운데 어떤 성분이 어떤 방식으로 우리에게 해가 되는지조차 모르고 쓴다는 얘기입니다. 오염물질로 범벅이 된 물건이 생산되어 우리 손에 오게 됩니다. 이 과정에서 소비자에게 가장 매력적인 부분이 바로 '싼값'입니다. 싼 가격은 원료를 추출하고 생산하는 이들의 소외된 노동 덕분은 아닐까요? 착취에 가까운 노동력을 제공한 대가로 우리가 보다 싼값에 물건을 구입할 수 있었던 거지요. 싼값의 물건은 적당히 쓰다가 미련 없이 버리게 됩니다. 헐값의 물건은 구입 과정도 신중하지 못하지만 버려지는 기간도 무척 짧습니다. 하지만 공정하게 가격이 매겨진 물건은 구입 과정에서부터 신중해질 수밖에 없지요.

예전에는 동네에 우산을 고치는 아저씨들이 가끔 다녀가곤 했습니다. 아저씨 손을 거치면 멀쩡해졌기 때문에 우산살 하나 망가졌다고 우산을 버리는 일은 상상할 수 없는 일이었지요. 요즘은 우산살 하나가 망가지면 아무도 고쳐 쓸 엄두를 내지 않습니다. 우산을 고쳐 주는 곳을 찾기도 어렵지만 고치는 가격이면 차라리 하나 사고 말겠다는 생각이 자연스러워졌지요. 수리가 필요한 물건은 이런 원리로 수리를 하지 않은 채 버리고 새로 사게 됩니다. 버려진 물건은 어떻게 될까요? 태워 없애거나 땅에 묻습니다. 쓰레기를 태울 때 나오는 맹독성 물질 가운데 대표적인 것이 다이옥신입니다. 이런 독성

세상은 보이지 않는 끈으로 연결되어 있다

물질은 풀을 오염시키고 작은 곤충을 오염시켜 결국 먹이사슬의 정점에 있는 우리 몸에 가장 많이 축적됩니다. 자연 상태에 있던 천연 자원을 캐내서 물건을 만드는 과정, 그리고 그 물건을 쓰고 폐기하는 과정에서 우리는 점점 더 많은 오염물질을 내보내고, 결국 우리의 몸을 망가뜨리는 악순환에 놓이는 것이지요. 우리가 뿌린 씨앗의 결과는 우리가 거둘 수밖에 없는 게 세상의 이치입니다.

망가지고 있는
생명의 그물

빈둥거리던 시간에 우연히 달력을 들여다보다가 달력 속에 참 많은 이야기가 있다는 것을 새삼스레 깨닫고 피식 웃음이 나왔습니다. 달력은 말없는 말을 건넵니다. '이제 곧 봄바람이 불어 언 땅이 녹을 거고, 그러면 땅속에서 잠자던 벌레들이 움직이기 시작할 거야. 물고기가 얼음 밑을 돌아다닐 거고, 수달이 물고기를 잡다 늘어놓을 때가 되었어. 기러기가 잘 있으라는 말도 없이 북쪽으로 날아가 버리고 나면 풀과 나무에서 싹이 돋겠지.' 2월의 입춘과 우수가 들려주는 이야기입니다. 달이 새로 바뀌지 않으면 달력은 늘 같은 얼굴이라고 생각했지요. 약속을 챙기고 요일을 챙길 때나 달력을 흘끔

보는 정도였는데, 실은 그게 아니었습니다. 언제부턴가 달마다 적어도 두 개씩 들어 있는 절기를 눈여겨보게 되었습니다.

새해가 시작된 지 얼마 지나지 않은 듯한데, 벌써 24절기 가운데 다섯 번째 절기인 청명을 맞이했어요. 청명이라는 말 속에는 하늘이 차츰 맑아진다는 뜻이 담겨 있습니다. 중국에서는 청명에서 곡우까지 보름 정도의 시간을 삼 후(候, 닷새 동안을 이르는 말)로 나눈다고 해요. 초후에는 오동나무에 꽃이 피기 시작하고, 중후에는 들쥐 대신 종달새가 나타나며, 말후에는 무지개가 처음으로 보인다고 합니다. 계절의 변화를 어쩌면 이토록 섬세하게 관찰했는지 놀랍지 않나요?

중국에서 오동나무에 꽃이 피기 시작하는 때는 우리나라보다 한 달여 이른 4월 초순쯤인가 봅니다. 이수복의 〈봄비〉라는 시에 "푸른 보리밭길 맑은 하늘에 종달새만 무어라고 지껄이것다"라는 구절이 있어요. 보리밭에 보리는 한껏 푸르고 맑은 하늘에 종달새가 지저귀는 그 계절에 봄비가 내리는 정경을 노래한 시인데, 그러고 보니 중국에서 고대로부터 내려오는 청명과 곡우까지의 풍경이 맞춤하니 들어맞네요. 계절을 관찰하는 선조들의 눈매가 시인의 관찰력만큼이나 닮았다고 생각하니 그 또한 놀랍습니다.

생각해 보면 계절의 변화를 면밀히 관찰하는 일은 곧바로 생존과 직결됩니다. 너 나 할 것 없이 씨 뿌리고 곡식을 키워 먹고살던 시절에 날씨와 계절은 무엇보다 중요한 생활의 변수였을 것입니다. 겨우내 언 흙이 채 풀리지도 않았는데 씨를 뿌리고 싹이 트기를 기다리다가 낭패를 본 경험이 부지기수였을 테니까요. 이런 시행착오를 거치면서 언제쯤 밭을 갈고 볍씨를 물에 불려야 하는지, 한 해 농사를 잘 짓기 위해 사람들은 해마다 계절을 관찰하며 좀 더 나은 자료를 얻었을 것입니다. 선조들의 이러한 자료가 축적된 것이 바로 계절 달력인 '절기'입니다. 누구나 들여다보고 참고할 수 있는 아주 평등한 달력이지요.

절기는 계절을 자세히 나눈 것으로 거의 보름에 한 번씩 찾아듭니다. 산천초목과 뭇 생명들이 깨어나고 움직이는 것으로 계절 변화를 느끼기도 하지만, 어느 순간 잊고 있던 계절 변화를 절기가 알려주기도 합니다. 요즘처럼 많은 이들이 도시에 살면서는 더욱 그렇지요. 몹시 추운 겨울이지만 달력에서 '입춘'을 발견하면 '이제 이 추위도 얼마 남지 않았구나' 하며 위안을 받기도 합니다. '경칩'이라고 하면 땅속에서 겨울잠을 자던 개구리가 깨어날 때라는 걸, 그리고 진짜 봄이 다가오고 있다는 것을 느끼게 되니 확실히 절기는 계절의 길잡이인 셈입니다.

앞서 옛사람들에게는 농사일과 밀접하게 연관되어 있는 절기가

세상은 보이지 않는 끈으로 연결되어 있다

무척 중요했다고 이야기했습니다. 그들에게는 농사가 곧 먹고사는 문제였지요. 하지만 과연 오늘날의 우리들에게도 농사가 먹고사는 문제라고 한다면 많은 이들이 갸우뚱해할지 모르겠습니다. 어디까지나 직접 농사를 지으며 먹고사는 인구가 줄었으니까요. 오히려 우리들에게 먹고사는 문제는 돈과 일자리에 더욱 밀접합니다. 그만큼 우리 생활에서 농업은 한참 멀어져 있습니다. 그럼에도 여전히 먹고사는 문제는 농업과 떼려야 뗄 수 없습니다. 밀접한 정도가 아니라 먹고사는 문제가 곧 농사고 농업입니다. 아무리 좋은 일자리를 구하고 돈을 많이 벌어도 누구든 먹어야 사니까요.

2006년 11월 12일, 미국에 사는 한 청년은 자신이 소유한 벌통 가운데 400개의 벌통에 벌이 한 마리도 없다는 사실을 발견했습니다. 할아버지 때부터 대대로 양봉업을 가업으로 이어오고 있는 그에게 닥친 이 황당한 사건은 이미 1990년대부터 양봉인들 사이에서 벌어지던 일이었습니다. 벌들이 감쪽같이 사라지는 이러한 '군집붕괴현상'으로 미국뿐만 아니라 유럽, 일본 등 세계 전역에 비상이 걸렸습니다. 아니, 벌 떼가 좀 사라졌다고 웬 호들갑일까요?

그는 열다섯 살부터 쭉 벌을 키워 오면서 온갖 일을 다 경험했다고 합니다. 겨울에 굶어 죽은 벌들도 보았고, 지독한 박테리아에 감염되어 벌통을 모두 불태우기도 했지요. 곰이나 도둑에게 벌통을 잃어버린 적도 있었고요. 최근엔 작은벌집딱정벌레나 바로아진드기 같은 것들로 피해를 입기도 했습니다. 이 벌레들은 그가 양봉을 시작한 1962년 당시만 해도 미국엔 존재하지 않았습니다. 그동안 양봉을 하며 별의별 일을 겪어 보았지만 꿀벌 2천만 마리가 감쪽같이 사라진 일은 믿기 어려웠습니다. 마치 누군가가 진공청소기로 벌을 말끔히 빨아들인 것처럼 흔적조차 찾을 수 없었기 때문이지요. 죽어서 바닥에 널브러진 벌 한 마리조차 찾을 수 없었다고 해요. 도대체 꿀벌에게 무슨 일이 벌어진 걸까요?

그에게는 꿀을 생산하는 양봉업도 중요하지만, 과수원이나 야채 농장에 벌통을 빌려주는 일이 보다 중요했습니다. 비와 바람 혹은 다른 곤충이나 동물들도 꽃가루 매개자이긴 하지만 꿀벌만큼 효과적으로 꽃가루받이(수분)를 도와주지는 못하지요. 아몬드와 같은 과일은 수분하는 데 꿀벌에 의존하는 비중이 상당해서 양봉업자들의 도움 없이는 제대로 과일을 생산할 수 없을 거라고 합니다. 그의 벌들은 매년 2월이면 캘리포니아 주의 아몬드 나무 수분을 시작으로 3월엔 플로리다 주의 감귤나무, 4월과 5월에는 펜실베이니아 주의 사과나무, 6월엔 메인 주의 블루베리, 7월엔 펜실베이니아 주에서 호박의 수분을 돕습니다. 흔히 꿀벌이라고 하면 꿀을 먼저 떠올리지만, 사실 꿀벌은 식량 공급을 좌우하는 농작물의 수분을 돕는 데 없

세상은 보이지 않는 끈으로 연결되어 있다

어서는 안 되는 존재입니다. 그의 벌통이 광활한 미대륙을 이동하는 경로만 보아도 농작물을 생산하는 일에 꿀벌이 얼마나 지대하게 기여하고 있는지 짐작할 수 있습니다.

언젠가 인간이 생존하는 데 필요한 네 가지가 태양과 물, 식량, 그리고 마지막으로 꿀벌이라는 글을 읽은 적이 있습니다. 꿀벌에 관해 알면 알수록 이 말에 동의하게 됩니다. 쉼 없이 붕붕거리며 이 꽃과 저 꽃을 순례하는 꿀벌 한 마리 한 마리는 작은 존재일지언정 우리 인류의 생존을 책임지고 있습니다. 이런 생각에 이르게 되면 꿀벌의 존재와 우리의 존립 사이에는 뗄 수 없는 강한 끈이 있다는 걸 느낍니다.

여러 과학자들이 꿀벌이 사라진 원인을 찾으려고 '꿀벌 탐정대'를 조직해서 여러 방면으로 알아봤다고 해요. 그런데 꿀벌이 사라지게 된 이유 중 하나가 농약 때문인 것으로 나타났습니다. 농작물에 해를 끼치는 곤충들을 잡기 위해 개발된 살충제가 농작물의 수확에 결정적인 도움을 주는 꿀벌에게 해를 끼치게 되었던 것입니다. 실제로 군집붕괴현상의 원인이 된 농약 성분은 1990년대에 등장해서 화학기술의 쾌거라 했던 저독성 농약인 네오니코티노이드였습니다. 저독성이라서 식물에 해를 끼치는 곤충에게만 치명적인 해를 입힌다고 알려져 있지만, 사실 이 네오니코티노이드계 농약은 아주 적은 양만 뿌려도 식물 조직에까지 스며든다고 해요. 이 농약이 식물 조직에 스며들게 되면 그 식물을 먹는 인간은 온전할까요? 생태계 피라미드에서 마지막 종착지는 늘 인간의 몸입니다. 최근 네오니코티노이드계의 부작용을 인식한 유럽연합에서는 이 농약의 사용을 금지하려는 움직임이 일고 있습니다.

레이첼 카슨이 쓴 《침묵의 봄》에는 정말 많은 화학물질들이 나옵니다. 그것들이 개발될 당시에는 인간에게 유용하게 쓰이기 위한 것이었습니다. 그렇지만 인간을 둘러싼 동식물과 생태계를 파괴하고 오염시킨 후에 인간만은 온전히 그 오염에서 비껴갈 수 있을까요? 레이첼 카슨은 애벌레가 사라진 봄에 새들의 지저귀는 소리를 들을 수 없는 침묵의 봄이 도래할 거라고 경고했습니다.

그물에서 그물코가 하나둘 뚫리기 시작하면 마지막엔 그물이 모두 망가져 버린다는 사실을 우리는 자꾸 잊고 삽니다. 그리고 잊고 사는 우리에게 소리 없이 사라져 가는 꿀벌은 온몸으로 말하고 있습니다. 절기에 따라 만물이 자유로이 돋고 자라고 움직일 수 있도록 모든 것들을 있는 그대로 내버려 두라고요.

청명, 하늘이 맑아지는 봄날을 느끼고 싶은 날입니다.

낙엽,
비움의 미학

깊어지는 가을날입니다. 물드는 단풍, 쌓이는 낙엽, 조금씩 추워지는 날씨, 그리고 그런 것들을 느끼는 우리 마음으로 가을은 깊어 갑니다. 기분 좋게 싸하던 날씨가 어깨를 움츠러들게 하는 기온으로 바뀔 즈음, 단풍의 고운 빛이 눈에 들어옵니다. 해마다 맞는 가을인데도 어느 날 문득 '언제 저렇게 물들었지' 하고 느끼는 일 또한 해마다 되풀이되지요. 시간에 쫓기고 일에 떠밀려 살다가 문득 고개 들어 바라본 나무는 그렇게 노랗고 빨갛게 변해 있었습니다.

한 해의 끝자락이 멀지 않은 늦가을, 우리에겐 여러 생각을 떠올리게 하는 단풍이 나무에겐 어떤 의미일까요? 단풍이 들고 나면 색색의 예쁜 잎들은 머지않아 금세 떨어지고 맙니다. 나무는 왜 단풍을 좀 더 달아 두지 않는 걸까요?

추분을 넘기면서 낮이 짧아지면 자연스레 기온이 떨어집니다. 뚝 떨어진 기온은 모든 생명체의 생활에 영향을 끼칩니다. 주변 온도에 따라 체온이 달라지는 변온동물은 특히 영향을 많이 받을 테지요. 그래서 그들은 땅이나 동굴 속으로 들어가 겨울잠을 잡니다. 이조차 여의치 않은 동물들은 한 해로 생을 마감하기도 합니다. 식물도 예외일 수는 없지요. 한해살이 식물이야 한 해로 생을 마감할 테지만 그렇지 않은 여러해살이는 어떻게든 추위로부터 몸을 보호해야 합니다. 동물처럼 땅이나 동굴로 들어갈 수 없으니까요. 한 곳에 뿌리를 내리고 사는 나무가 추위를 견디는 방법으로 선택한 것이 바로 낙엽입니다.

단풍과 낙엽은 가장 눈에 띄면서도 해마다 규칙적으로 반복되는 가을의 대표적인 자연현상입니다. 낙엽이 지는 까닭은 낮 길이가 짧아져 기온이 내려가는 것과 밀접한 관련이 있습니다. 나무는 기온이 떨어지면 일단 자기 몸 안에 있는 수분을 보존하는 데 안간힘을 씁니다. 몸에 남아 있는 수분을 설탕으로 바꾸어 겨울 동안에도 얼지 않도록 조치합니다. 말하자면 부동액 상태로 만드는 거지요. 흔히 활엽수라 부르는 나무들은 넓은 잎 표면에서 엄청난 양의 수분이 증발합니다. 따라서 수분 공급이 안 되는 겨울에까지 잎을 달고 있는 것은 활엽수에게 매우 치명적일 수 있습니다. 모든 생명에게 물은 곧 생명 유지를 의미하는 것이니까요. 이때 나무는 아브시스산이란 호르몬을 분비하여 수분을 보존하는 작업을 진행합니다. 바로 '떨켜'를 만드는 것이지요. 조금 생소한 이름이지요? 떨켜란 잎이나 꽃잎, 열매 등이 식물의 몸에서 떨어질 때 서로 맞닿아 있던 부분에 생기는 특별한 세포층을 말합니다. 식물에 있는 수분이 빠져나가는 것을 막고, 미생물의 침입으로부터 보호하는 역할을 하지요. 나무줄기에 잎이 붙어 있는 곳에 떨켜가 만들어지고, 이 떨켜는 나무의 수분이 잎사귀로 이동하는 걸 막습니다. 결국 더 이상 수분 공급을 받을 수 없는 잎이 말라 떨어지게 됩니다. 수분 공급이 안 되어도 햇빛이 있는 동안에는 잎에서 양분이 만들어집니다. 그 양분으로 인해 잎사귀 내의 산도가 증가하고, 그 때문에 엽록소가 파괴되면서 엽록소에 가려 있던 다른 색소들이 드러나게 됩니다. 초록이던 잎 색깔이 노랑, 빨강, 주홍 등 다양한 색으로 나타나는 거지요. 이를 우리는 눈과 마음으로 즐기며 단풍이라고 부릅니다.

낭만이라는 말과 무척 어울리는 단풍과 낙엽은, 그러니까 나무 나름으로 겨울을 대비하는 월동의 한 과정인 셈입니다. 나무는 결코 인간에게 알록달록한 단풍의 아름다움을 선사하려 애쓰지 않습니다. 오 헨리의 작품을 위해 마지막 잎새를 남겨 두지도 않고요. 단지 살아남으려고 노력할 따름이지요. 그런 노력이 한 차례 돌고 나면 나무에 나이테가 하나 생기고 다시 따뜻한 봄을 맞이하게 됩니다. 단풍이 들고 낙엽이 지는 과정을 겪지 않는다면 나무는 생존할 수 없습니다. 가지고 있던 수많은 잎사귀를 떨어뜨려야 살 수 있기에 나무는 미련 없이 잎을 떨굽니다.

때로는 지니고 있는 것을 훌훌 털어 버릴 줄 아는 용기와 결단이 필요한 때가 있는 것 같습니다. 마치 나무는 가진 것을 털어 버리는 비움의 미학을 깨달은 것 같습니다. 가득 찬 그릇에는 새로운 것을 담을 수 없습니다. 비움으로써 또 다른 충만을 이룰 수 있다는 것, 나무가 우리에게 던지는 메시지가 아닐까요?

단풍의 아름다움, 낙엽 쌓인 거리의 낭만 이면에는 나무가 실천하는 '비움의 철학'이 숨겨져 있습니다. 우리는 살아남기 위해 어떤 것을 버리며 살고 있을까요? 얼마만큼 비우며 살아가고 있는 걸까요? 법정 스님은 "빈 방에 홀로 앉아 있으면 모든 것이 넉넉하고 충만하다. 텅 비어 있기 때문에 가득 찼을 때보다도 오히려 더 충만하다"라고 하셨지요. 가을 끝자락에 숨은 그림을 찾듯, 단풍을 징검다리 삼아 낙엽을 딛고 건너 텅 빈 충만을 만나러 가보는 건 어떨까요?

세상은 보이지 않는 끈으로 연결되어 있다

자동차와
자전거

파란 하늘과 뭉게구름이 이토록 간절하게 아름답다고 느끼던 때가 살면서 또 있었나 생각해 봅니다. 미세먼지 때문에 연일 뿌옇게 흐리멍덩하던 하늘과 창문을 꼭꼭 닫고 지내야 했던 경험들을 떠올려 보면 요사이 이토록 청명한 하늘은 얼마나 감사한 일인가요. 생각해 보면 선택지는 언제나 우리 손에 있었습니다. 파란 하늘 아래서 살 것인지, 희뿌연 하늘 아래 갑갑한 마스크를 끼고 살아갈 것인지 말이지요.

제가 살고 있는 서울은 1년에 딱 두 번, 제법 살 만한 도시가 됩니다. 바로 추석연휴와 여름휴가 때지요. 이번 추석연휴 동안에도 서울은 헐렁했고 고즈넉한 느낌마저 들었습니다. 이렇게 느끼도록 해 준 일등 공신은 한산해진 도로 덕이었어요. 차량 수가 큰 폭으로 줄어드니 거리 소음도 줄었고, 공기도 한결 맑았거든요. 평소라면 걸을 엄두조차 낼 수 없던 길을 호젓하게 걷는 행운도 이번 연휴에 누렸습니다. 사실 차는 편리를 위해 만들어진 물건임에 틀림없습니다. 축지법을 쓰듯 먼 거리를 순식간에 이동할 수 있도록 해주었고, 인간의 동력 없이도 기계와 에너지로 움직이는 일이 가능해졌으니 실로 대단한 발명품입니다. 그런데 자동차로 인해 정말 우리 삶이 편리해진 걸까요?

우루과이의 저널리스트이자 《수탈된 대지》의 저자로 유명한 에두아르도 갈레아노는 자동차를 '보이지 않는 독재'라고 표현했습니다. 그는 우리가 '자동차와 가솔린을 생산하는 거대기업들에게 설복당해서, 자동차가 인간 신체를 연장시켜 주는 유일한 도구라 믿게 됐다'고 했습니다. 그런데 왜 '자동차가 인간 신체를 연장시켜 주는 유일한 도구'라 하지 않고 '도구라 믿게' 되었다고 했을까요?

에두아르도는 시간 절약을 위한 기계인 자동차가 오히려 인간의 시간을 잡아먹는다고 했어요. 우리에게 봉사하기 위해 태어난 자동차가 우리를 하인으로 만들고 있고, 우리는 자동차를 먹여 살리기

세상은 보이지 않는 끈으로 연결되어 있다

위해 더 많은 시간을 일해야 한다고 표현했습니다. 자동차는 우리의 공간을 박탈하고, 우리의 공기를 오염시킨다고 단정 지어 얘기했지요. 그가 했던 말 가운데 과연 부정할 수 있는 건 뭘까요? 휴가 때나 출퇴근길에 꽉 막힌 도로 위의 차보다야 사람 걸음이 훨씬 빠른 건 당연한 일이고, 직선화된 도로가 아니면 자동차는 갈 수 없지만 인간의 발걸음에는 무수한 지름길과 샛길이 열려 있습니다. 게다가 이동할 때를 제외하고는 줄곧 어느 정도의 공간을 차지하고 서 있으니 공간 박탈도 맞는 말이며, 공기 오염이야 더 언급할 필요도 없습니다. 일정 시간이 흐르면 고장이 난 차를 버리고 새 차를 구입해야 하고, 세금이나 보험료 등 자동차를 유지하는 데 들어가는 돈을 마련하느라 우리는 시간을 지속적으로 쓸 수밖에 없습니다.

9월 22일은 '세계 차 없는 날'이었습니다. 프라이부르크, 스트라스부르, 말뫼 같은 유럽의 도시뿐만 아니라 뉴욕의 맨해튼도 '차 없는 도시'로 방향을 전환하는 중입니다. 도심으로 들어오는 차량의 속도를 터무니없이 낮추거나 아예 차량 진입을 막는 등 다양한 시도가 일고 있지요. 공통점은 차량이 뿜어내는 배기가스로 인해 대기오염, 도시의 열섬 현상 같은 것들을 개선해 보자는 것입니다. 자동차가 뿜는 배기가스로 보행 환경 역시 날로 악화되어 가고 있거든요. 1999년 스페인의 폰테베드라에서 시작된 '차 없는 도시Car Free City'

캠페인은 이제 세계 도시의 주요 트렌드로 자리 잡기 시작했습니다.

그렇다고 자동차가 단지 환경적인 측면에서만 문제가 되는 건 아닙니다. 세계적인 환경 분야 전문연구기관인 월드워치연구소가 내놓은 통계에 따르면, 1985년 한 해에 교통사고로 죽은 사람은 최소 25만 명입니다. 베트남 전쟁에서도 한 해에 그 정도로 죽지는 않았다고 하네요. 독일의 경우, 1992년에 자동차로 죽은 사람이 마약 때문에 죽은 사람보다 5배나 많았습니다. 한 해에만 독일 자동차는 에이즈가 출현하고 10년 동안 그로 인해 사망한 독일인 전부를 합친 것보다 두 배나 더 많은 사람을 죽였다고 합니다. 이런 통계를 앞에 놓고도 여전히 자동차는 우리 인간에게 편리함과 혜택을 주기 위해 탄생한 발명품이란 생각이 드나요?

만약 자동차의 대안이 있다면 무엇일까요? 단순히 걷는 것 말고도 자전거는 이미 자동차보다 먼저 우리 곁에 와 있습니다. 파리 전철역마다 눈에 띄던 공공 자전거 시스템이 우리나라 여러 도시에 도입되기 시작했지요. 아직은 초기단계라 자전거 전용도로도 부족하고, 사용방법의 어려움, 대중교통과의 환승 등 해결해야 할 과제들이 많지만 분명 환영할 일입니다. 자동차에 빼앗긴 도로를 자전거와 맞바꾸는 것은 파란 하늘과 맑은 공기를 돌려받는 일이니까요.

세상은 보이지 않는 끈으로 연결되어 있다

상수리나무에
펼쳐진 생명의 끈

서울 성북구에 위치한 길상사에는 일주문(사찰에 들어서는 첫 번째 관문)에 들어서기 전 왼편에 커다란 나무가 한 그루 있습니다. 흔히들 참나무 또는 도토리나무라고 부르는데, 정확한 이름은 상수리나무입니다. 해마다 8월부터 9월 초순까지 상수리나무 밑에는 가지들이 떨어져 어지럽게 널려 있곤 합니다. 거위벌레가 이 아수라장을 만든 장본인입니다. 도토리 안에다 알을 낳고는 상수리나무 잎사귀 몇 개를 붙여서 가지를 잘라 아래로 떨어뜨립니다. 도토리가 제법 자랐다 싶으면 거위벌레는 톱질을 하느라 여념이 없는 것 같습니다. 잎사귀를 몇 개 붙이는 이유는 낙하할 때의 충격을 조금이라도 줄여 보려는 의도 같습니다. 그래야 도토리 안에 들어 있는 알이 무사할 테니까요. 가지에 그대로 두지 않고 알이 들어 있는 도토리를 굳이 아래로 떨어뜨리는 까닭은 알이 애벌레로 부화했을 때 땅으로 기어들어 월동할 수 있도록 배려하는 것 같기도 합니다. 종족 번식을 위한 거위벌레의 노동은 놀랄 만합니다. 날마다 거위벌레가 잘라 낸 나뭇가지들로 나무 주변은 비질을 하지 않고선 못 배길 정도니까요. 그런데 상수리나무에는 거위벌레만 살까요?

상수리나무 우듬지로 새들이 날아오고 날아갑니다. 박새도 보이고 직박구리도 보입니다. 더러 까마귀 소리가 들리기도 하는데, 아마도 이 나무 위에 앉아 잠시 매력적인 소리를 토해 내고 가지 않았을까 싶습니다. 이름은 알 수 없지만 여러 새들이 우듬지를 찾아 날아드는 것 같습니다. 새들이 상수리나무를 찾는 까닭은 무엇일까요? 쉬려고 들르기도 할 테고, 나무에 사는 벌레를 먹기 위해 잠시 머무르는 것일 수도 있습니다. 가끔 다람쥐가 오르내리는 모습도 보입니다. 상수리나무에게는 없어서는 안 될 요긴한 동물이지요. 상수리나무가 이곳저곳으로 자손을 퍼뜨리는 데 중요한 운반자니까요. 다람쥐가 자처한 일은 아닐 것입니다. 그저 춥고 삭막한 겨울을 나기 위해 여기저기에 도토리를 묻어 두고는 그 장소를 잊어버려 뜻하지 않게 도토리를 여기저기 심는 일을 하게 된 거지요. 여름 내내 맴맴 울

세상은 보이지 않는 끈으로 연결되어 있다

던 매미도 상수리나무 즙을 먹으러 나무줄기 어딘가에 머물다 갔을 것입니다. 상수리나무에 꽃이 피는 봄에는 꽃가루를 수집하러 벌들도 찾아들었겠지요.

줄기를 한번 볼까요? 줄기 껍질을 슬쩍 들춰 볼 수 있다면 겉껍질과 줄기 사이에 벌레들이 있는 것을 볼 수 있습니다. 특히 오래된 나무라면 십중팔구 벌레들이 있습니다. 뿌리 쪽으로 내려가면 흙이 있습니다. 흙에는 많은 생물들이 살고 있지요. 가장 먼저 떠오르는 것이 개미와 지렁이군요. 톡토기나 공벌레, 굼벵이도 있을 것입니다. 땅속뿌리에서부터 저 하늘 높이 솟은 우듬지까지 상수리나무에는 다양한 동물들이 저마다의 공간에서 살고 있습니다. 말하자면 상수리나무는 여러 동물들이 모여 사는 아파트인 셈이지요.

상수리나무 한 그루 안에 여러 동물이 살고 있지만 서로 자리를 두고 다툼을 벌이는 것 같지는 않습니다. 다양한 동물들이 한 공간에 어울려 살고 있는 것 같지만, 사실 동물들은 각자 인식하는 시공간의 세계가 다르다고 합니다. 모든 동물들의 삶에서 공간은 중요한 요소입니다. 그렇지만 모든 동물들이 같은 방식으로 시공간을 경험하지 않는다는 걸 알 필요가 있을 것 같습니다.

추분이 다가올 무렵이면 꽃무릇(수선화과의 여러해살이 알뿌리식물)이 길상사 뜨락을 붉게 물들입니다. 화려한 꽃무릇의 자태에 빠져

한참을 들여다보는데 느닷없이 호랑나비 한 마리가 등장하는 것입니다. 꽃무릇의 화려함을 즐기러 왔을까요? 호랑나비는 잠시도 가만있질 못하고 이 꽃 저 꽃으로 옮겨 다니며 팔랑거리는데, 정신이 어질할 정도였습니다. 꿀을 찾아온 게 아닌가 싶은데, 만족스럽지 못한 건지 아니면 그 짧은 시간에 꿀을 딴 것인지 한 꽃에 앉는가 싶으면 이내 다른 꽃으로 옮겨 다니길 반복하다가 날아가 버렸습니다. 꽃무릇의 아름다움을 감상하던 저는 꽃무릇의 생김새에 관심이 있었고, 호랑나비는 꽃의 생김새와는 별개로 꿀주머니에 관심이 있었겠지요. 저와 호랑나비는 그 짧은 시간 동안 한 공간에 있으면서도 서로 대상을 다르게 인식했을 뿐, 호랑나비가 꽃을 바라보는 방식과 제가 꽃을 바라보는 방식 중 어떤 것이 틀렸다고 할 수는 없지요.

거미는 또 어떤가요? 거미줄을 치고 느긋하게 먹잇감을 기다리는 장면은 마치 수도승과도 같습니다. '먹이가 걸려들지 않으면 어쩌지' 하는 조바심이란 찾아볼 수가 없으니 말입니다. 만약 거미줄을 건드려 망가뜨리면 거미는 조금 전과는 달리 곧장 수리에 들어갑니다. 먹고사는 문제가 거미줄에 달렸으니 당연한 일이겠지요. 거미가 인식하는 세상은 오직 거미줄 위에 있습니다. 사람에게는 거추장스런 거미줄이 거미에게는 생사가 달린 문제입니다. 이처럼 대상에 따라 세상을 보는 방식은 참으로 다릅니다.

세상은 보이지 않는 끈으로 연결되어 있다

문득 오스카 와일드의 이기적인 거인 이야기가 생각납니다. 꽃대궐 정원을 가진 거인은 아이들이 들어와 노는 것이 너무 성가셔서 정원 주변에 담을 둘러칩니다. 아이들이 오지 않자 정원은 을씨년스런 겨울에서 좀처럼 벗어나지 못합니다. 견디다 못한 거인이 담장을 허물고 아이들이 정원에 찾아들자 화창한 봄이 온다는 이야기입니다. 어쩌면 지금 우리 인간이 하는 행동이 이기적인 거인의 모습은 아닌지 되돌아보아야 할 것 같습니다. 서로 다른 인식의 세계에서 내 인식만이 세상의 잣대인 양 휘두르는 이기심은 어떤 생명도 꽃피울 수 없는 얼어붙은 땅으로 만들 수 있다는 사실을 말입니다.

모든 생명이 모여 사는 터전을 함부로 허무는 일은 그래서 무척 조심스러운 일입니다. 조심스러운 것이 아니라 해서는 안 될 일입니다. 불가에서는 살아 있는 것을 죽이지 않는다는 '불살생'을 계율로 정하고 있습니다. 하지만 살아 있는 생물을 죽였을 때만 살생이라 규정할 수는 없을 것입니다. 생물이 살아가는 데 절박한 터전을 허무는 일 역시 살생과 맞닿아 있습니다. 우리에겐 별 의미 없는 공간일지라도 어떤 생명에게는 더없이 소중한 공간일 수 있다는 것입니다. 그렇기에 나와 다른 존재가 대상을 인식하는 방법에도 한번쯤 관심을 가질 필요가 있습니다. 나와 다름을 인정하고 받아들일 때 세상은 평화롭게 공존할 수 있는 곳이 되지 않을까요?

더위를
식히는 방법

해 질 녘, 한낮에 오르던 기온이 한풀 꺾이고 바람도 제법 불던 시각이었습니다. 모임에 가려고 버스를 탔지요. 이른 주말 저녁이어서인지 한산한 버스에 오르자마자 금세 한기를 느꼈습니다. 여름이면 필수품처럼 챙겨 가지고 다니는 카디건을 꺼내 입었어요. 그러고 보니 버스기사는 마스크를 쓰고 있었고, 창문은 모조리 닫혀 있었습니다. 차창 밖에는 가로수가 일렁이며 춤추고 있는데, 그 선선한 바람을 닫힌 창이 가로막고 있었고 버스 안은 꽁꽁 얼 것만 같았지요.

여름에조차 긴 옷을 챙겨야 할까 하는 생각이 불현듯 스치자 '이

세상은 보이지 않는 끈으로 연결되어 있다

게 정상일까' 하는 생각마저 들었습니다. 버스기사에게 다가가 에어컨을 끄고 창을 여는 게 어떠냐고 물었습니다. 기사는 미간을 찌푸렸지만 저는 다시 한 번 설득했지요. 바깥에 바람이 시원하게 불고 있고, 미세먼지도 없는 데다 해도 지고 있으니 일단 창을 열고 다니다가 승객들이 덥다고 하면 그때 켜도 되지 않겠냐고 말입니다. 끈질기게 설득을 하니 기사는 마지못해 에어컨을 껐습니다. 저는 앉은자리 앞뒤의 창을 열었습니다. 창으로 들어오는 바람이 기분 좋게 시원했습니다. 몇 정거장을 지나면서 사람들이 너덧 명 탔습니다. 채 5분이 되었을까요? 다시 윙 하며 에어컨 소리가 들렸어요. 덥다든가 에어컨을 켜달라든가 하는 소릴 제가 듣지 못했는지 정확히 알 수는 없었습니다. 에어컨은 켰으나 아무도 제 앞뒤로 열린 창을 닫지 않았습니다. 하긴 에어컨을 껐을 때도 아무도 창을 열지 않았어요. 버스에 탄 사람들에게 버스 실내온도는 남의 일인 것만 같았습니다. 창을 닫아야 하나 기사에게 가서 한마디를 더 해야 하나 아주 짧게 고민하다 창을 닫고 조용히 앉았습니다. 그러고는 그다음 정거장에서 내렸지요.

순간 뭐라 표현하기 어려운 감정이 일었습니다. 분노와 안타까움이 섞인 미묘한 감정이었습니다. 버스기사가 마스크를 쓰고 있는 걸 보니 최근 잇달아 발생한 미세먼지 영향이었던 것 같긴 했습니다. 온종일 길 위에 있어야 하는 직업이다 보니 마스크를 썼을 테고,

미세먼지가 들어오니 창을 닫고 있는 게 이해되었습니다.

좀 더 생각을 발전시켜 보면, 결국 미세먼지가 어디서 발생하는가 하는 문제에서 출발하게 됩니다. 미세먼지의 원인으로 고등어니 삼겹살이니 하며 엉뚱한 데로 화살을 돌리기도 했지만, 결국 미세먼지의 가장 많은 공급처는 석탄화력발전소와 경유 차량입니다. 서울 시내를 운행하는 버스들은 대부분 천연가스로 움직입니다. 미세먼지 발생률이 다른 화석연료에 비해 상대적으로 적긴 하나 여전히 미세먼지를 내뿜지요. 더구나 에어컨을 켜게 되면 더 많은 에너지를 소비할 수밖에 없습니다. 도시에는 녹지가 적은 데다 차량과 건물의 에어컨에서 내뿜는 열기로 인해 더욱 더워집니다. 에어컨을 켜기 위한 전기를 만드느라 화석연료를 태우다 보니 더욱 뜨거워집니다. 악순환이 반복된다고 할 수 있겠지요. 미세먼지로 인한 고통은 어느 누가 강제하는 것이 아니라 무지한 우리가 일상에서 만들어 내고 힘들어하기를 반복하는 가운데 지속적으로 발생하고 있습니다.

언제부턴가 사람들 손에서 부채를 발견하는 일이 귀해졌습니다. 단오 때 부채를 선물하던 풍습은 먼 과거의 일이라 접어 두더라도, 예쁜 쥘부채와 손수건이 여름철 핸드백 속 필수품인 풍경은 이제 박물관에서나 기억될까요? 손수건으로 꾹꾹 눌러 땀을 닦고 부채로

세상은 보이지 않는 끈으로 연결되어 있다

열기를 식힐 궁리보다는 일단 선풍기나 에어컨 버튼으로 손이 가는 시대입니다. 오랜 시간 동안 전해지며 더위를 견디던 여러 방법은 이제 무용지물이 되어 버린 것 같습니다. 세상이 편리해졌으니 궁리 따윈 더 이상 필요가 없어졌기 때문일까요?

더운 날 바깥에서 실내로 들어오면 더운 건 당연합니다. 그럴 땐 부채로 땀을 식히며 잠시 앉아 있다 보면 땀이 잦아들고 더위도 가시기 마련이지요. 당장 시원해지고 싶고 편리하고 싶은 욕망, 그 욕망이 모여 에너지 소비는 증가하고 지구는 점점 뜨거워집니다. 조금 불편할지라도 내 안의 욕망을 거둬 내는 일이야말로 지속가능한 환경을 위한 보다 근본적인 대책이 아닐까 생각합니다.

덜 소비하고
덜 남길 순 없을까

얼마 전에 친정어머니한테서 놋쇠로 만든 대야를 하나 물려받았습니다. 대대적으로 집수리하느라 살림살이를 정리하던 중에 꺼내 놓은 물건이었습니다. 가운데 여기저기 찌그러지고 녹이 잔뜩 낀 대야가 눈에 들어왔지요. 시간의 흔적이 켜켜이 쌓인 이 물건을 간직하고 있으면 언젠가 엄마 생각이 날 때마다 꺼내 볼 수 있겠다 싶었습니다.

그렇게 50년이 넘도록 엄마와 함께 지낸 놋쇠 대야가 우리 집에 오게 되었습니다. 오래된 물건에 대한 애착이 유난한 편인 저는 초등학교 때 친구에게 선물로 받은 엄지손가락 반쯤 되는 스누피 인형을 아직도 갖고 있습니다. 엄마가 입던 주름치마를 스무 살 즈음에 물려받아 지금도 입고 있습니다. 30년이 넘은 서랍장, 의자, 반닫이는 어느새 서서히 골동품 반열에 오르고 있습니다. 30년이면 한 세대가 바뀌는 시간인데, 그 시간 동안 내 곁에 있어 준 정 때문에 이미 유행이 한참 지난 물건인데도 버릴 수가 없었거든요. 모두 나무로 만든 물건이라 시간의 흔적만큼 손때가 묻어 색이 변하고 반들거리는 것이 정겹기도 합니다.

희한한 것은 30년을 넘긴 물건은 좀 있는데 그보다 오래된 물건이라고는 책을 제외하면 거의 찾기가 힘듭니다. 쓰다 버리는 주기가 그만큼 짧아진 때문이 아닐까 싶기도 하고, 나무로 만든 물건들이 점차 플라스틱으로 대체되면서 더욱 그렇게 된 것 같기도 합니다. 게다가 전자제품들이 주요한 물건으로 자리를 잡으면서 교체 주기가 더욱 당겨지고 있지요. 디자인을 바꾸거나 몇 가지 기능이 추가되면서 끊임없이 새 제품이 쏟아지니 물건은 출시가 되는 동시에 구식이 되어 버립니다. 아니, 구식으로 만들어야만 합니다. 그래야 새로운 물건을 사게 되니까요. 끝없이 새로운 제품이 쏟아져 나오고, 그걸 소비하기 위해 소비를 위한 소비가 지속됩니다. 그래야 사회의 경제 시스템이 유지된다고도 합니다. 소비가 위축되면 경제가 어렵다고들 하잖아요. 그렇다면 우리는 언제까지 물건을 만들 수 있을까요? 언제까지 자원을 꺼내 쓸 수 있을까요?

충북 단양에 60여 가구, 100여 명 정도가 사는 영천리라는 작은 마을이 있습니다. 마을 이름인 '영천'을 풀이하면 '신령스런 샘'이란 의미를 담고 있습니다. 마을 사람들의 식수원인 이 샘을 주민들 모두가 소중히 생각하고 보호하고 있지요. 어느 날 영천리 뒷산에 난데없이 지정폐기물 매립지를 조성한다는 말이 나오면서 마을 주민들 삶이 하루아침에 엉망이 되었습니다. 지정폐기물은 사업장에서 나오는 폐기물 가운데서도 독성이 매우 강한 폐기물로 재생이나 소각조차 힘든 폐기물을 별도로 지정해 놓은 것을 말합니다. 재생도 소각도 힘드니 방법은 매립밖에 없습니다. 폐기물의 종류에는 폐합성수지, 폐합성고무, 폐유, 폐석면, 폐석고, 폐알카리, 제철슬러지 등 이름조차 낯선 물질들입니다. 매립은 매립으로 끝나지 않습니다. 매립지에서 계속 나오는 오염물질 때문에 그 일대가 모두 오염될 것입니다. 영천리 주민들의 미래가 어떻게 될지는 누구도 짐작할 수 있는 일입니다.

폐기물은 어떤 식으로든 우리가 소비하고 남겨진 것들입니다. 그런데 이러한 폐기물들 가운데 작은 영천마을에서 배출한 것이 과연 얼마나 될까요? 대부분이 도시에서 쓰인 것들, 도시인의 배설물

세상은 보이지 않는 끈으로 연결되어 있다

을 조용하고 작은 시골마을 뒷산에 가져다 묻는다는 것은 결코 윤리적이지도 정의롭지도 않습니다.

2012년 8월, 제주 김녕 앞바다에 떠밀려 왔다가 폐사한 어린 암컷 뱀머리돌고래 뉴스는 가히 충격적이었습니다. 돌고래가 바닷가로 떠밀려 온 걸 구조해서 바다로 되돌려 보냈는데, 또다시 떠밀려와 치료하던 중에 죽었지요. 국립수산과학원 고래연구소에서 돌고래 사체를 부검한 결과 사인은 해양 쓰레기 때문인 걸로 밝혀졌습니다. 돌고래 위에서 비닐과 엉킨 나일론 끈 뭉치가 다량으로 발견되었지요. 고래의 위에 비닐 쓰레기들이 꽉 차 있어서 음식을 소화시키지도 먹지도 못해 영양결핍으로 죽었다는 얘기입니다.

인도에는 배가 불룩한 소와 개를 수술하는 병원이 있습니다. 길거리를 돌아다니며 쓰레기통을 뒤져 배를 채우는 소나 개가 비닐봉지까지 먹어 치우며 소화가 되지 않는 비닐봉지들로 배가 불룩해집니다. 배에서 꺼낸 비닐 뭉치가 어마어마한 양이라고 해요. 아프다는 말조차 하지 못하는 동물들의 고통을 비닐봉지에 음식을 담아 버렸던 이들이 알 수 있을까요?

최근 화장품에 든 미세플라스틱 문제가 이슈가 된 적이 있습니다. 하수처리장에서 여과시설을 통과할 만큼 작은 미세플라스틱은 바다로 떠내려가 동물성 플랑크톤의 먹이가 됩니다. 미세플라스틱은 온갖 화학물질을 흡착하고 침출하기 때문에 그 자체가 독성이 높기도 합니다. 미세플라스틱은 수백 년 동안 바다에 가라앉아 썩지 않고 그대로 있을 수도 있습니다. 미세플라스틱은 작은 해양생물을 거쳐 결국 우리 인간에게 돌아옵니다. 싱싱한 굴에서도, 심지어 소금에서까지 미세플라스틱이 발견되는 걸 보면 결코 과장이 아닙니다. 해양 쓰레기의 가장 골칫덩이인 플라스틱은 자연적으로 분해되기까지 500년이 걸린다는 의견이 있는가 하면, 더 걸린다는 의견도 있고, 결코 자연적으로 분해되지 않는다는 의견도 있습니다. 정확한 건 아무도 모릅니다. 플라스틱이 세상에 나온 지 고작해야 100년이기 때문이지요.

우리가 일상에서 쓰는 물건 가운데 플라스틱이 들어가지 않은 것을 찾기란 대단히 어렵습니다. 많은 물건들을 만들기 위해 땅속에서 꺼내 쓰고, 그렇게 세상에 나온 물건들로 또다시 괴로움이 만들어집니다. 물건이 차고 넘치는데도 끊임없이 무언가를 만들어야 하고, 누군가는 또 그 속도에 맞춰 끝없이 소비해야 합니다. 이런 생산과 소비는 폐기를 숙명처럼 달고 다니지요.

우리가 언제까지 이런 삶을 지속할 수 있을까요? 넘쳐 나는 쓰레기들을 보면서 우리는 다음 세대에게 바닥난 곳간과 쓰레기덤만 남

겨 주게 되겠구나 하는 생각에 미치면 참담할 뿐입니다. 그 어느 때
보다 풍족함이 차고 넘치는 시대임에도 끊임없이 결핍을 느끼고 그
결핍에 대한 보상을 물질에 투영하는 사람들의 심리를 들여다보는
데서 문제의 해법을 찾아야 하지 않을까 생각합니다. 자본과 물질이
제일의 가치인 시대에 인간이 점점 소외되는 외로움은 환경과 생태
문제를 해결하는 과정에서 그 실마리를 찾을 수 있을지도 모르겠습
니다.

햇볕 한 줌에서 발견한 '생명과 평화'

창으로 따스한 볕이 쏟아지는 겨울의 어느 한낮. 점심밥을 먹고 배가 든든해진 데다 볕까지 따스하니 세상 부러울 것 하나 없는 기분입니다. 가만, '부러울 게 없다?' 이것만큼 팔자 편한 소리가 또 있을까요? 곰곰이 일상을 돌아보면 이 같은 순간들은 얼마나 많았던가요. 그럼에도 이런 순간들은 너무나 당연한 듯 뒷전으로 밀려나고는 하지요.

아이들 성적이 올랐으면 하는 생각, 돈을 좀 더 많이 벌 궁리, 동료에 대해 불쑥 올라오는 미운 감정 등으로 모든 일에 감사하기란 참으로 쉽지 않습니다. 충분히 만족하고 감사할 수 있음에도 그렇지 못한 것은 바로 내 욕심이 지나치기 때문은 아닐까 하는 생각을 해봅니다. 욕심이 잔뜩 낀 마음으로는 감사한 일상을 마주하고도 그런 줄 모를 테지요.

우리는 욕심이란 것이 결코 충족될 수 없다는 사실을 간과하고 있는 건 아닐까요? 욕심은 늘 더 큰 욕심을 낳게 마련이어서 끝도 없다는 사실을 말이지요. 우리는 무엇 때문에 욕심의 쳇바퀴에서 벗어날 수 없는 걸까요? 저는 그 이유가 내 생명의 정체성을 모르고 살기 때문이 아닐까 생각합니다. 내 삶의 주체는 바로 나라는 사실, 그리고 '나'는 내 주위에 있는 뭇 생명들과 서로 의지하며 살아가는 연결된 존재라는 인식에 도달하는 순간, 눌리고 찌들었던 탐욕의 무게는 조금씩 사라지지 않을까요.

더 빨리 가고 싶은 욕구는 산을 허물고 터널을 뚫었습니다. 더 많은 땅을 차지하고 싶은 욕망은 살아 숨 쉬는 갯벌을 메웠지요. 산과 갯벌에 의지해 살던 수많은 생명들은 터전을 빼앗기고 목숨을 잃기도 했습니다. 남은 생명들마저 평화를 위협받고 있지요. 이렇듯 생명을 잃고 평화마저 위협받는 존재들과 더불어 사는 우리는 과연 평화로울 수 있을까요?

2006년 겨울에서 2007년 봄 사이에 북반구 꿀벌의 4분의 1이 사라지는 이상한 일이 벌어졌습니다. 이 책을 읽은 독자라면 꿀벌이 사라지는 게 뭐가 대수냐고 말하지 않겠지요. 꿀벌이 사라지면 꿀을 얻을 수 없을 뿐만 아니라 꿀벌에 의지해 수분을 하는 수많은 식물이 열매를 맺을 수 없게 됩니다. 아인슈타인은 꿀벌이 사라지면 4년 안에 인류가 절멸할 거라고도 했지요. 이는 모든 생명들이 보이지는 않지만 촘촘한 끈으로 연결되어 살고 있다는 방증이기도 합니다.

세상의 모든 생명이 서로 의존적이기에 어느 생명에게든 깨져 버린 평화는 돌고 돌아 결국 내 평화마저도 깨고 말 것입니다. 나만을 위한 탐욕이 사라진 자리에 모두의 평화가 깃들 수 있습니다. 결국 평화란 모든 것이 있어야 할 곳에 그저 그렇게 있는 그 순간 비로소 존재하게 될 테니까요. 모든 생명은 평화를 원합니다. 우리는 당연한 이 사실을 너무 잊고 산 것은 아닐까요.

아우름16

세상은 보이지 않는 끈으로
연결되어 있다

1판 1쇄 발행 2016년 12월 5일
1판 10쇄 발행 2021년 11월 22일

지은이 최원형
펴낸이 김성구

주간 이동은
콘텐츠본부 고혁 송은하 김초록 김지용
디자인 이영민
마케팅본부 송영우 어찬 윤다영
관리 박현주

표지 패턴 NOSTRESS 민유경

펴낸곳 (주)샘터사
등 록 2001년 10월 15일 제1-2923호
주 소 서울시 종로구 창경궁로35길 26 2층 (03076)
전 화 02-763-8965(콘텐츠본부) 02-763-8966(마케팅본부)
팩 스 02-3672-1873 **이메일** book@isamtoh.com **홈페이지** www.isamtoh.com

ISBN 978-89-464-2043-4 04300
ISBN 978-89-464-1885-1 04080(세트)

값은 뒤표지에 있습니다.
잘못 만들어진 책은 구입처에서 교환해 드립니다.